落ちこぼれ先生、奮戦記

片倉栄子

郁朋社

1963年11月（2年生担任）
初めての校内研究授業

私の好きな音楽でした。
でも、ハラハラ、ドキドキの新人時代（教師になった年）でした。

1970年（5年生担任）
札幌の遠足で

児童と同じで私も遠足は大好きです。

1978年4月（1年生担任）
授業風景

入学式の日、教室で大勢の保護者の皆さんを前にして、児童より、担任の方が緊張していました。

1983年（4年生担任）
スキー教室にて

児童より下手にすべれないと思って必死でした。

1986年9月（6年生担任）
授業風景

この笑顔は、私の好きな算数ですね。それとも卒業アルバムにのるということで意識したのかな？

1989年5月（3年生担任）
職員室にて

同僚に笑わされてつい、にっこり…

1992年9月（2年生担任）
国語の授業風景

めずらしくまじめに授業をしていますね。

1994年5月（2年生担任）
遠足で子どもたちと遊ぶ

本当はこういう遊具で遊ぶのは苦手なのですが、児童にせがまれたようです。

1996年1月（3年生担任）
スキー教室ロープウエイにて

苦手なスキーをこれからやるということで、顔で笑って心で泣いていました。

2005年11月
愛犬ポメとともに

三代目の犬なので、厳しくしつけるつもりだったのですが、反対にしつけられるはめになりました。

2002年9月
大雪連峰黒岳山頂にて

この日は雨に降られて寒さも加わり、やっと登りました。

2006年2月
百寿大学卒業式の日

壇に上がり、学長先生から皆勤賞をいただいたのですが、緊張して足がふるえていました。

はじめに

私は子供が好きだったので、39年間小学校の教師をしました。私はおっちょこちょいで漫画の〝サザエさん〟的なところがあります。従って、長年の教師生活では成功した事よりも失敗した事の方がはるかに多く、自分では〝落ちこぼれ、教師〟だと思っています。それで、この本のタイトルを『落ちこぼれ先生、奮戦記』にしました。

私は子供たちから〝花丸先生〟とも呼ばれていました。子供のノートは勿論の事、図画、工作、習字、作文などには必ず花丸をつけていたからです。また、運動会、学芸会などの行事の後も子供たちが頑張った時は黒板に大きな花丸を書きました。

落ちこぼれ先生、奮戦記／目次

装画／常楽　友美さん（小学４年生の時、描きました）
装丁／スズキデザイン

教師になるまで……

○子ども時代

子供時代の私は、おとなしくて友達も少なく、いわゆる〝内気な子〟と言われていました。小学校時代の6枚の通知簿の所見を見ると、どれにも〝内気で几帳面〟と書かれていて中には〝孤独を愛する〟とさえ書かれている事もありました。

小学校時代の私はとても体が弱く、よく学校を休んでいました。

2年生の時、しばらく学校を休んだ次の日の、6年生の姉と一緒に登校する途中の出来事でした。私たち姉妹二人の50メートルくらい先を、私の担任のK子先生が歩いているではありませんか。当時の私としては本当は「K子先生、おはようございます」と元気よく挨拶をしたかったのですが、しばらく休んだ後ですしそれよりも〝もし、K子先生が返事をしてくれなかったらどうしよう〟という気持ちが一杯で、なかなかその一言が言えなくてもじもじしていました。すると、側でその様子を見ていたチャキチャキの姉が「走っていってK子先生に『おはようございます』って大きな声でいいな」と言って、私の背中を押しました。

私は仕方なく姉に言われるままに走っていって、自分としては大きな声で「K子先生、おはようございます」と言いました。すると、どうでしょう。私の予想に反して先生は「あら、栄子ちゃんおはよう。もう治ったの？」と大きな声ではっきりと答えてくれました。うれしくて、うれしくてその時からK子先生が大好きになったのを、あれから60年近くなった今でもはっきりと覚えています。普段、教室ではいるかいないか分からないくらい存在感の薄い子に、はっきりと初めて挨拶をされたので、K子先生もびっくりして返事をしてくださったのかもしれません。もし、まだ御存命でしたらお会いしたいものです。

今、思えば私が小学校の教師になったのは子供が好きだった事が第一の理由ですが、大好きだったK子先生の影響も大きかったのでしょう。

○教育実習

私は昭和36年4月、北海道学芸大学旭川分校（今の教育大学）の2年過程に入学しました。このころの学芸大学には2年と4年の過程があり、どちらを出ても教員になれましたが、2年の方は教員免許状2級を、4年の方は1級がもらえました。私はとにかく1日も早く子供たちと接したかったので、免許状の1級、2級なんて眼中に無く、早く教員になれる方を選びました。私は中学卒でも高校卒でも良かったのです。教員免許状をもらえさえすれば……。

ところが、この2類は私たちの次の次の年、つまり2年後からなくなったので、私は、本当にラッキーだったと思います。

2年過程は2類、4年過程は1類と言っていました。2類は2年目の9月に教育実習に行きます。私は学芸大学旭川附属小学校の1年1組に、やはり2類の女子学生と二人で配属になりました。当時は（昭和37年）、白黒テレビではありましたが、付属小の全クラスに配置されていて〝さすが附属〟と思ったものです。それに当時の公立小学校の1クラスの児童数は50人くらいが普通だったのに、ここは1クラス40人と少ないのにも驚きました。

附属と言ってもまだ1年生、確かにやんちゃな子もいました。あのころは学校でもまだ石炭ストーブを使っていたのですが、外に捨てた灰の山に上がって、忍者のように片方の腕を曲げ人差し指と中指の2本を立てて、「デデーン」とやっていた子もいました。

そんな中、私たち実習生は生まれて初めて二人で算数の授業をやる事になりました。事前の教材研究は一生懸命やったのですが、結果はさんたんたるものでした。私たちの希望である〝やさしい先生になろう〟と言う事が授業の前面に出てしまい、今でいういわゆる〝学級崩壊〟のようになってしまったのです。それでも、指導教官は最後まで口を出さずに、1時間の授業を黙って見ていてくれました。しかし、授業が終わって放課後になると私たちはすぐに呼ばれ、懇々《こん》と諭《さと》されました。「あんたたちは半年後の来年4月には正式な教員として教壇に立つんでしょう？　それなのにあんな授業をされたら困る。教育は〝やさしさ〟だけではダメだ。〝厳しい、毅然《きぜん》とした態度〟も子供たちには必要だ」そして「体罰はダメだけれど、厳しくしなければいけない時はあんたたちが思った通りにやりなさい。責任は私が持つ」と、言ってくださいました。それからは、私たちも指導教官に遠慮せずにのびのびとやらせてもらいました。

この教育実習では〝教育には優しさと厳しさが必要〟と言う事をしっかり教えてもらいました。しかし、〝教育もまた、信頼関係が第一である〟と言う事に気づくのはそれからしばらくしてからでした。

1校目

新米教師のころ……

1963年（昭和38年）4月

○初めての尻ペン

新卒での赴任先は道北の小中併置の小さな学校でした。複式でなく単式ではありましたが、1学年1クラスしかなくて私は小学2年生の担任になりました。

初めて教室に入ると、28人の児童が行儀よくきちんと自分の席にすわっていたので、思わず「皆、お行儀がいいねえ」とほめるとすかさず、少し身体の大きなA君に「新米の癖《くせ》にお世辞うまいな」と言われ、びっくりしました。ここで、教育実習の事を思い出すと同時に、気づくとA君のお尻を2～3発叩いていました。〝児童に馬鹿にされたらダメ〟という気持ちからこういう態度に出てしまったようでした。その後すぐに「分かったかい？」と聞くと、A君は素直に首をこくりと振ったので、「分かってくれて、先生嬉しいよ」と言ってすぐに抱きしめました。

その後はA君に担任に対する恐怖心を与えずに、良い人間関係を保つ事が出来たので、これで良かったのだと思っています。

○ミイラ取りがミイラに……

僻地なので、吹雪になると集団下校がありました。新卒で土地鑑が無くても職員の人数が足りないので、児童に道を聞きながら送っていきました。ところが、最後の子を送り届けると、今来た道が吹雪のためにすっかりなくなっていました。「先生、帰れるかなあ」と保護者が心配してくれ、あまり自信の無い返事をすると「よっしゃ、わし、ひとっ走り馬そりで送ってやるから乗れ」と言われて、〃ミイラ取りがミイラになる〃はめになりました。

○家庭訪問

今度は家庭訪問に行った時の事です。B君の家は学校から片道４キロは軽くあるほどの遠い所にありました。私はその時、隣の町から汽車（ジーゼルカー）通勤していたのですが、話し込んで帰りの予定の汽車の時刻に間に合わなくなりました。

すると、そのお父さんが「今から歩いていったら（その時、私はまだ自転車に乗れませんでした）、汽車に間に合わないからバイクで送っていく」と言う事になり、ここでもお言葉に甘える事にしました。私はスカートをはいていたのでバイクに横乗りしましたが、途中で雨上がりの水溜りに落ちて、スカートが泥だらけになってしまいました。

とてもそのままでは帰れる状態ではなくなったので、引き返してB君のお母さんのスカートを借りました。結局、予定の時間に間に合わずに、歩いていっても同じ時刻の汽車に乗る事になりました。

○幼児をおんぶしての授業

この学校は道北で夏でもあまり暑くならない所にあり、米は取れなくて、じゃがいも作りの農家が多かったようです。秋の収穫の農繁期《のうはんき》には小学校でも〝農繁休業〟があって学校は1週間ほど休みになります。しかし、それでも間に合わなくなり、農繁期には幼児を学校へ連れてきて、子守りをしながら勉強をする子が2年生の我がクラスにもいました。

C子ちゃんは2歳の妹を連れてきていました。ところが、その妹が大変ないたずらっ子で、C子ちゃんの隣に余っている机を置いてそこにすわらせていたのですが、じっとなんかすわっているものではありません（2歳児なら、当たり前かも知れませんが……）。飽《あ》きてきたら、姉の髪の毛を引っ張ったりしてとうとう、姉まで泣かしてしまう始末です。仕方が無いので、担任の私がその幼児をおぶって授業をしたものです。その子はお姉ちゃんの先生におぶられてきゃっきゃと喜んでいました。私は子守りのために学校を休まれるよりは良いと思いました。

○田舎の学校の学芸会

田舎の学校は、運動会、学芸会というと地区のお祭りのようになるので、教師はその準備で大変です。

特にそのころの女教師は、自分のクラスの劇、音楽、遊戯の他に男性の教師のクラスの遊戯も教えないとなりません。今の若い先生方には考えられない事だと思います。しかも、現在のように時間割内で教えるのではありません。学芸会などは、放課後児童を残して教えるのです。このころの街の大きな学校ではどうだったか分かりませんが、少なくても私たちの学校はそうでした。

このやり方に私は疑問をもちましたが、新卒でしたから、「どうして、時間割内で練習しないのですか」など聞けませんでした。用具作りなどはその後にやるので、学芸会の1週間前の帰りは私はいつも9時の汽車でした（田舎なので、汽車は2時間に1本くらいしかありませんでした）。

○教え子が我が家へ

1校目の学校では隣の町から汽車通勤をしていましたが、担任していた2年生の子数名がどうしても私が住んでいたアパートに来たいと言うので、土曜日の午後、私は4人の子供を連れてきました。その当時は今のように家庭で子どもがあちこち、連れていってもらえませんでした。だから、汽車に乗せるととても喜んだので、それだけでも良かったと思いました。

家に着いてから私が子供たちのおやつを買って戻ってくると、一間しかない私の部屋に4人全員がいないではありませんか。この時はびっくりしました。いくら4人の名前を呼んでもいないので、本当にどうしようかと思いました。が、待てよ、私も子供のころ、家の押入れが大好きで妹とかくれんぼをした時、押入れに隠れて中をごちゃごちゃにし母によく叱られた事を思い出しました。そこで、1個しかない押入れをそっと開けてみると、案の定いたいた、4人が折り重なるようにしてきゃあきゃあ言いながら出てきました。私は一安心すると同時に、子供って本当にこういう事が好きなんだなあと思いました。

何とか我がクラス28人全員を連れてきたいと思いましたが、汽車に乗せなくてはならなかったので実現はしませんでした。そして、残りの24人には本当に悪い事をしてしまったと今でも思っています。あの子たちと私は13歳くらいしか違わなかったので、もう今は50歳を越えているかもしれません。学校教育は勉強以外に担任と児童とのこういうふれあいも大変大事だと思います。

○大太鼓が破れた？

音楽の時間に、クラス全体で色々な楽器を使って合奏をしていた時です。

身体の大きな男の子D君に大太鼓を叩いてもらっていました。すると、いきなり「先生、太鼓が破れた！」と来ました。私はびっくりして行ってみると、まさしく太鼓の皮の真ん中が破れていました。太鼓の音が小さかったので、「もっと強く叩いて」と言う私の助言の仕方が悪かったようです。教師にそう言われたらまだ2年生です、思い切って叩くのは当たり前です。彼の手を取って叩き方を教えてあげれば良かったと思っても後の祭です。

それにしても、いくら大きな子だからと言って2年生の力くらいでそんなに簡単に破れる物かと不審に思い、破れた太鼓をよく確かめてみると、太鼓の周りについているねじが目一杯締《し》まっているではありませんか。普通、大太鼓は使い終わるとねじを緩めてからしまっておくものですが、先に使った人が緩めるのをどうやら忘れていたらしいのです。そして、使い始める人がねじを閉めるのですが、その作業もD君にさせていたので、もうすでに閉めてあったのを分からないでさらにきつくねじを締めてしまったらしいのです。これじゃあ、破れるのも無理ないと思いました。

D君には「先生が悪かったね。D君は悪くないよ」と言って、私はひとりで校長と教頭に謝《あやま》りに行きました。普通、学校で起こった子供の過《あやま》ちは必ず私も一緒についていって謝るのですが、この場合は子供は悪くないと思ったからです。

○今日はどこでお産があるの?

私は汽車通勤をしていましたが、仕事が遅いので子供の丸つけをする作品類をいつも大きな鞄に入れて持って歩いていました。すると、同僚に「五十嵐(私の旧姓)さん、今日はどこでお産があるの?」と聞かれました。この学校では大きな鞄に仕事を詰め込んで持って歩いていた人があまりいなかったので、その姿がまるでお産婆さんのように思えたのでしょう。今思えば、その同僚は若い教員をからかってやろうとぐらいに思ったのでしょう。でも、鈍感な私はそんな事言われても少々の事では気にしません。とにかく小さい子と接していたら楽しくて楽しくてしかたありませんでした。

2校目

漁師町にて……

1966年（昭和41年）4月

この時丁度、北海道教育委員会も〝広域人事募集〟をしていたし、私も道内あちこちの僻地《へきち》へ行きたかったので、思い切って南の地域を希望しました。すると、今度は南も南、道南の函館の近くの鉄道も通っていない漁師町に転勤になりました。小中併置校ではありませんでしたが、ここも1学年1学級の小さな学校でした。

○チョコレートの思いで

この時も2年生を担任しましたが、遠足の時、普段学校では大変大人しいE子ちゃんが、小さな手でしっかり握った、紙にも包んでいないチョコレートをそっと私の前に差し出してくれました。

以前、教室で私がチョコレートが好きだと話した事をちゃんと覚えてくれていたのだと思って「ありがとう」と言って受け取りました。しかし、やはり前任校の遠足の時、チョコレートを子供からもらったのですぐに食べてしまうと、「先生、さっきのチョコレートを返して。妹におやつを残して帰るって約束していたんだけれど、おやつを全部食べちゃってなくなったの」と言われ、困った事を思い出しました。だから、今度はすぐには食べないで家に持って帰ろうと考えていました。

でも、E子ちゃんはおとなしい子だったし、私の小学2年の時の事を思い出し、〃やっぱり、担任にはすぐ食べてもらった方がE子ちゃんにとってはうれしいんだろうな〃と考えました。子供の素手でがっちり握ったチョコレートを食べるには少し勇気がいりますが、この子の気持ちを大事にして思い切って食べました。すると、E子ちゃんはにっこりとして走っていきました。

その事があってから、E子ちゃんは学校で私と目線が合うと微笑《ほほえ》むようになったし、声は小さくても自分から挨拶《あいさつ》をするようになりました。今考えてもあの時、もらったチョコレートをすぐに食べてやっぱり良かったんだなあと思っています。

○津軽弁

ここは津軽に近いので、住民のほとんどは津軽弁を使っていました。

職員室に電話がかかってきたので受話器を取りました。すると、何を言っているのかさっぱり分からないので、私が「えっ、何ですか」と何度も聞き返すものだから、とうとう受話器の向こうの人もいやになったのでしょう。「お前なんか分かんない（通じない）用務のおばさんを出せ」と言われたので、びっくりしました。用務員のおばさんに代わると受話器を取って「町から来た先生だから、お前の言う事なんか分かんないんだ」と言っているのには、さすがの私も負けました。

日本人同士でも場所が違うと外国のように言葉が通じない事もある事をここで初めて知りました。〝自分〟を〝わ〟、〝あなた〟を〝な〟、〝子供〟を〝わらし〟、〝寝なさい〟を〝寝くたばれ〟または〝寝ぶせ〟と言います。夜、いつまでも起きている子供を「このわらすっ子、さっさと寝くたばれ」と言っているお母さんを見て私は唖然《あぜん》としました。また、道ですれ違った土地の人2人が「どさ」「ゆさ」という会話をしているのを聞いて、私は何を言っているのかさっぱり分かりませんでした。後で土地の人に聞くと「どこへ行くの?」「おふろへ」という事だったそうです。こうして、確かに言葉は悪いのですが、まだ朝の早いうちから公宅の隙《すき》間の戸からいかを投げ入れてくれたりした事もあり、子供も大人も素朴で人情がありました。

ところが、ここで糖尿病が発病し休職もしたりし勤務が不可能となったので、実家のある札幌へと出てきました。

3校目

ピアノが“音《おん》が苦《く》”に……

1968年（昭和43年）8月

今までは2校とも小さな学校で1学年1クラスだったので自分の好きなようにやっていましたが、今度は1学年5クラスの大規模校に来たので、同学年の先生方とうまくやっていけるかどうかが一番の悩みでした。

○好きこそものの上手なれ?

赴任したとたんに校長宅に呼ばれました。行ってみると、どの教科が好きかと聞かれたので「音楽」と答えました。ところが、この答えがこれからの7年間、私を苦しめる結果になるとは、この時、思ってもいませんでした。学校へ行くといきなり6年生の音楽専科をやるように言われました。8月の途中転入だったので、行った時は担任を持たないフリーでした。3学期になったら2年生が1クラス増えるからそれまでと言う事なので、音楽専科は自信がなかったけれど引き受けました。

私の性格からして、やるからにはしっかりとしなくてはと思い、まず、ピアノの練習から始めました。この時、初めて念願だったピアノを買って教材研究も受験生なみに勉強しました。

専科は空き時間がたくさんあります。でも、人付き合いの下手な私は職員室にいるのが嫌いだったので、毎日出勤すると「誰か休めばいいなあ」と不謹慎《ふきんしん》な事を思っていました。誰か休めば補欠授業があって職員室にいなくてもいいからです。そして、とにかく子供好きな私は少しでも子供と接していたかったからです。「五十嵐さん、○年△組お願いね」と、札幌で第一号の女性教頭に言われると「ハーイ」と大きな声で返事をし、尾っぽふり ふり喜んで（ちなみに、私は午年《うま》生まれです）、その教室へ行ったものです。私は音楽が専門ではありませんでしたが、「五十嵐先生になってから、うちの子は『音楽の授業が楽しくなった』と言っているんですよ」と、6年生のあるお母さんに言われた時は、音楽に自信がなかっただけに一生懸命教材研究をして良かったと思いました。

ところが、良い事ばかりは続きません。それから3年後の4年生を担任していた時です。今度は卒業式の歌を3曲弾くように頼まれました。教員が35人以上もいるこんな大きな学校なのに音楽専科は誰もいなかったのです。今までの小さな学校でさえも、式歌伴奏なんて頼まれた事もなかったので驚きました。この時改めて、校長宅へ伺った時に間違えても「音楽が好きだ」なんて言うべきでなかったと思いましたが、〝後悔、先に立たず〟です。〝好き〟は〝好き〟でも、〝好きこそものの上手なれ〟と〝下手の横好き〟の2種類がありますが、私の場合は後者です。

さあ、それからが大変でした。今までのようなクラスの授業ではなく、1000人以上の児童並びに保護者、全教職員、来賓《らいひん》の前でピアノを弾くのです。

家へ帰ってから、毎日夕食後3時間はピアノの練習をしました（下手なピアノの練習を家人は我慢をしていてくれました）。音楽教材の〝しゃぼん玉〟の練習をしている時もなかなか上手にならないので、姉に「しゃぼんだまがなかなか飛ばないね」と言われるくらいでした。

こんな様子を家人は知っているので、「今からでも誰かに代わってもらえないの？」と何度も言いましたが、一旦引き受けたからにはもう後には引けません。今、はやりの言葉で言えば〝やるっきゃ、ない〟のです。

1ヵ月半びっしり練習したのでどうやら予定の3曲は弾けるようになったのですが、私は本番にはとても弱く上がり性です。卒業式の総練習の時、楽譜は用意していても頭の中が真っ白になって何も見えなくなり、めためたに間違えました。「これで大丈夫か？」と、校長初め、他の先生方もさすがに心配しましたが、時遅しでもう代わる事が出来ません。

そこで、私は全校児童に言いました。「私は上がり性なので当日間違えるかもしれないけれど、伴奏を間違えてもそのまま歌ってほしい」と。さあ、それから本番までの2日間は地獄でした。家では勿論の事、朝、出勤したらすぐ体育館のピアノに向かいます。昼休み、給食準備中も寸暇を惜しんで練習しました。当日、大失敗をしてみんなに叱られている夢まで見ました。

そして、いよいよ本番です。曲の途中で少し間違えましたが、聞いている人たちにはほとんど分からずに、一応何とか終わりました。その時、担任していた4年生のG子ちゃんに「先生、間違わなくて良かったね」と言われた時は涙がでました。私が必死になって練習していた事をG子ちゃんもしっかりと見ていてくれたのでしょう。また、総練習の時あれだけ間違えたのだから、本番なら少なくても2〜3箇所は間違えるに違いないと誰もが思った事でしょう。

音楽と言うと、私より10歳くらい年長の先輩教師から札幌で聞いた傑作な話があります。そのH先生は札幌に来る前は炭鉱の街にいたそうですが、そこに50歳代の音楽の出来ないI先生がいました。I先生の学年は2クラスだったのですが、校長はI先生が音楽が不得手なので、もう1クラスの担任に音楽の得意な若い女教師J先生をつけました。校長は音楽は二人で合同音楽などしながら、協力してやってほしいと思ったのでしょう。ところが、

Ｉ先生にはＪ先生に対して面子もあって「音楽は出来ない」と言えなかったようです。さりとて、オルガンも弾けません。そこで、Ｉ先生が考え出した事は、児童に毎日音楽の教科書を持ってこさせて、隣のＪ先生のクラスで音楽が始まると「それ、音楽の教科書を出せ」と言って隣のクラスに合わせて音楽をやったそうです。それを聞いた時つい私は「先生、それ、本当ですか」と言ってしまいました。なぜなら、Ｈ先生はよく冗談を言って職員室を笑わせていたからです。すると、Ｈ先生は「五十嵐さん、本当の話だってばぁ」と、真剣な顔をして言っていたので事実なのでしょう。今、思えば〝嘘のような本当の話〟です。〝嘘のような本当の話〟と言えば、１９００年生まれの私の父が〝事実は小説より奇なり〟と言っていましたが、私がこれ以後の教師生活でそれを演じるとは、この時思ってもいませんでした。

○同じはんこを押す

私は児童の作品には、出来るだけ自筆の赤ペンで一言書くようにしています。それはこの学校で次のような事があったからです。

あれは5年生を担任していた時です。一言を書く時間がどうしてもなかったので、図画の裏に一律に同じゴム印を押して返しました。すると、L子ちゃんに「先生、次の絵も〝同じはんこ〟を押すの？」と聞かれてしまい、ハッとしました。私としては作品を早く返したほうが児童も喜ぶかと思っていました。その事を話すと、L子ちゃんは「私は返すのが少しくらい遅くなってもいいから、はんこより先生の自分で書いた一言の方がいいな。それは、私だけへの言葉だから……」と言われました。そして、「でも、だからと言って返すのがあまり遅くなってもダメだよ」と、一言付け加えられました。

それからです。私が児童の作品は勿論の事、テストやノートにも私が目を通した物には必ず一言書くようになったのは……テストで満点を取った時は、本当に短い言葉ですが、「ヤッター」「おめでとう」「グッド・ナイス」「がんばったね」などの他に、花丸の上に日本の旗を2本、左右に交差してつけてやります。また、満点でなくてもどんな点数にも「おっしい！」「残念無念、くちおしや」「前よりも良くなった」などと書きます。〝花丸に旗〟は6年生の児童にも喜ばれました。クラスに3人満点を取った児童がいました。そそっかしい私は二人の6年生には大きく花丸をつけましたが、残りのひとりにつけるのを忘れました。すると、その忘れられたM君、口をとがらして私に抗議をしに来ました。私はすぐに謝り、大きな花丸に旗をつけてやると、M君はにこっとして満足そうな顔をして自分の席に戻りました。やっぱり、6年生も〝花丸に旗〟は欲しいのです。

いいえ、6年生だけではありません。旭川へ行ってからはよくお母さんたちにも運動会や学芸会など行事の後に感想文を書いてもらったのですが、その時も花丸をつけると「生まれて初めて〝花丸〟を頂き、感激しています」と言うコメントを頂きました。大人に花丸をつけても誰も「ふざけている」とは思わないようです。皆さん素直に喜んでくれるのが、つけた方としてはうれしいですね。

しかし、この丸も適当につけてはダメなようです。丸の数も児童はちゃんと数えていて「隣のN君より、丸の数が少ない（小さい）」と言いに来ます。だから、児童にとっては丸の大きさ、数も問題のようです。「冗談でない。そんな事いちいち気にしていたら、身体が持たない」と言う現役の先生方がいらっしゃるかもしれませんが、子供というのはそういうものなんですよ。

それからもう一つ、教育実習生を担当した時、どんな点数のテストにもコメントを書くというと「じゃあ、先生、0点の子には何と書くのですか」と聞かれたので「そういう時は〝名前が書かれていてよろしい〟と書くのです」と言うと、なるほど……という顔をしていました。

もし時間が無くて一部の子にしか書けない時は全員に書かない方が良いと私は思っています。

○指導主事訪問

指導主事の学校訪問の時、家庭科専門の女性指導主事が来ました。その当時、この学校では職員室の各学年のグループごとにお菓子が箱の中に入っていました。勿論、これは学年の教師が自分たちのポケット・マネーで月いくらかずつ出し合って買っているのですが、私の学年4年では、私の家に綺麗《きれい》な六角の缶があったのでそれを持ってきていました。すると、その○指導主事はいち早くその缶に目をつけて「あら、これ六角の綺麗な缶ですね。何が入っているのですか」と聞くか聞かないうちに缶のふたを開けてしまいました。私たち4年の担任5人が息を呑んで見ていると「あら、このお菓子私大好きなんですよ。1つ頂いてよろしいかしら?」と言うが早いか、1つつまんでパクッと食べてしまいました。そして、「ごちそう様、美味しかったです」と言って、私たち5人があっけに取られているうちにすまして行ってしまいました。

この時、この指導主事が、缶を開けて「お菓子が入っているのですか」で終わっていたら私もあれから35年もたった今、思い出さなかったでしょうけれど、お菓子をパクッと食べたところに指導主事の人間味を感じ感心しました。

○雪の色を少しも使っていないのに〝雪祭り展〟に入選？

札幌では2月に雪祭りがあるので、その時期になると市教育委員会主催の雪祭りを描いた展覧会があります。私は絵にも自信が無いので、クラスからは出さないでおこうと思っていたのですが、隣のクラスの図工専攻のQ先生が「僕、見てあげるから出しな、出しな」と言ってくれました。絵を見ているうちに「これ、全部出そう」となりました。私が躊躇《ちゅうちょ》していると「審査員にも色々な考えの人がいて、なんでこれが……と思うような作品が入選していて、どうして特選にならないの？　と思うような作品がはずされるんだよ。児童の絵もピカソ的な絵が認められるようになったと言う事だな」と言いました。そこで、私は全部出品しました。

ここでまた付け加えておかなければなりません。と言うのは、雪祭りの絵を描かせた時に「風邪をひいていて雪祭りを見に行かなかった」と言うR君がひとりいました。しかたがないのでR君には好きな絵を描くように言うと、彼は好きな汽車を描いていました。雪祭りの絵を出品する時、私はR君は雪祭りの絵を描いていないのでそれを出さないでおこうと思っていながら間違えて、他の雪祭りの作品と一緒に出してしまったのです。

ところがどうでしょう？　結果はR君のだけが入選しました。そして、スポンサーからクレパスをもらって彼は得意になっていましたが、結局、R君はその意味なんて分からずじまいだったと思います。お母さんには訳を伝えておきました。賞状ももらったのですが、そのタイトルは〝雪祭り展覧会〟と描いてあったので、「うちの子雪祭りを見に行かなかったし、そして、汽車の絵には少しも雪らしい白い絵の具など使っていないのに……」とお母さんが不思議に思ったら困るからです。

○誕生日の話

１年生を担任すると私は必ず、教室の背面に誕生列車を張ります。顔は児童に描かせて、それを私が用意した列車に月日を書いて張ります。児童の生年月日は、保護者が入学時に書いてくれた児童調書を見て書くのですが、参観日に来たお母さんがS君の生年月日が１日ずれている事に気づきました。私は間違えたかと思ってもう一度調書を調べてみると、その調書が間違えている事が分かりました。お母さんによるとそれを書いたお父さんが間違えていたようです。その事をS君に言ったのですが「先生が書いた誕生列車の誕生日は絶対間違いない」と言い張ってきかないので、お母さんも私もとうとうS君に負けて、1年間、間違えたまま教室に張っておきました。その当時の1年生にとっては、担任は、お父さんやお母さんよりも絶対的な存在だったのですね。S君は2年生になってやっと自分の本当の誕生日が分かったようです。

(4校目)

全道一の大規模校（全校児童数1600名）で……

1975年（昭和50年）1月

札幌ではもらってくれる人がいなかったので、姉の世話で見合いをし、結婚するために昭和50年（１９７５年）の元旦付けで旭川の小学校へ転勤してきました。

旭川での第1校目は、赴任してきた当時全校で15クラスほどの規模の学校でした。しかし、新興住宅地だったので児童がどんどん転入してきて、私が次の学校へ転勤するころには全校で35学級以上、１６００人という全道一のマンモス校になってしまいました（現在は少子化で、全校12学級４００人以下になりました）。

○ピアノからの開放

札幌の学校から校長の引継ぎがあったのでしょうか。ここでも私は〝ピアノが弾ける教師〟と思われてしまい、昭和49年度の卒業式、昭和50年度の入学式の曲を弾くように頼まれました。卒業式は何とか弾けましたが、入学式はメチャメチャに間違えてしまいました。すると、それからはもうピアノに関してはお呼びがこなくなりました。これで、私にピアノの実力が無い事が他の教職員に分かってもらいホッとしましたが、こんな形で分かってもらう結果になり、複雑な気持ちでした。しかし、やっとピアノから解放されて心から「バンザーイ」と叫んでいました。

○運動音痴？

この学校へ来た時はすでに32歳で教師生活12年がたっていましたが、運動が苦手でスキー、水泳は勿論、自転車にもまだ乗れませんでした。

子供のころから身体が弱かった事は先にも書きましたが、それプラス運動神経も鈍く（これは遺伝だったかもしれません）、明治生まれの両親には〝運動なんか〟という気持ちが子育てにも出ていたようです。後で姉に聞いたところでは、私には兄弟姉妹が6人いて、そのほとんどが小さいころ身体が弱かったそうなので、特に母は怪我《けが》をさせたら困るとでも思ったのか、子供たちに運動をあまりさせなかったらしいという事です。

その中でも私が一番弱く、母が心臓脚気の時に生まれてきたので、母の母乳は飲めません。さりとて、牛乳も私には合わなかったそうです。そのため、母は自宅から8キロほど離れた東旭川まで毎日、他の人の母乳をもらいにバスで通ったそうです。ある朝、バスが見えたので走ると、雪下駄の鼻緒が切れました。このバスに乗り遅れると、お昼まで無いので雪下駄を持って足袋のままバス停留所まで走ったそうです。これを聞いた時、昔の人は子供を育てるのに今では考えられないくらい苦労をしたものだとつくづく思いました。私は身体が弱かったために、赤ん坊のころは良いところは何一つなく、母に迷惑ばかりかけていましたが、お乳をもらいに行くとき遠くにバスが見えると、母の背中で「オーオー」と呼んで母に知らせたそうです。「その時は助かった」と、私が大きくなってから教えてくれました。

身体の弱かった私は小学校時代はよく学校を休み、運動会も遠足も小学校3年生くらいまでは参加出来ませんでした。北海道の寒い冬には身体が弱いという事で人一倍厚着をさせられたので、なかなか活発には動けません。小学校時代、私は冬に外で遊んだ記憶がほとんどありません。

成人してからも、25歳で発病した糖尿病を理由にこの学校へ来るまで運動はほとんどしていませんでしたが、これまではそれでも何とか小学校の教員をやっていけました。私にとっては都合の良い時代でした。ところが、ここへ来てからはそういう訳にはならなくなりました。糖尿病だから運動は出来ないと言う事にしようと思って主治医に聞くと「何を言っているの？　あなたのように学校の教員として勤務している人は運動は出来る。と言うよりは、適度な運動をやった方が糖尿病に良い」と叱られてしまいました。

それからは、スキーの猛特訓をしてもらいました。スキーがやはりほとんど出来なかった養護教諭のR先生と二人で、この学校の隣にある児童公園の築山に行き毎週土曜日の午後、体育専門のS先生に習いました。この時、札幌の学校で本州から来た臨時採用の、私より一回り以上は年上の女教師T先生が学校の周りをひとりでスキーの練習を一生懸命していたのを思い出しました。臨時採用でしかも終わったらまたすぐ本州に戻ると聞いており、短期間の勤務でもよく頑張っていたと私は感心していたので、私もT先生を見習ってやりました。

水泳もそれまでは浮く事さえも出来ませんでしたが、ひとりでひそかにあるホテルのプールへ行き練習すると、どうにか泳げるようになりました。でも、クロールの息継ぎだけは自分ひとりではどうしても出来ませんでした。これが出来るようになったのは、退職して先生について泳ぎを習うようになってからです。

今思うにこの教育情勢の厳しい現在なら、私がいくら子供好きでもスキーもダメ、水泳もダメでは教師にはなれなかったと思います。ラッキーな時代に生まれてきたものです。

○保護者からの文句

３年生を担任していた時、習字用具を忘れた子があまりにたくさんいたので、私は頭にきて家に取りに帰るように言いました。

ところが、しばらくして、事務官がそっと私の教室に来て「今、保護者から『子供が、手袋もアノラックも何もつけないで忘れ物を取りに来た』と言う電話があった」と教えてくれてびっくりしました。旭川の２月の厳寒期でしたが、大人の私は外へ出る時は何も言わなくても手袋、帽子、アノラックを身に付けていくのは当たり前だと思っていたので、あえてその事は口にしなかったのです。ほとんどの子は私が思ったように身支度をしていきましたが、そのU君だけは担任の剣幕に驚いたのか、そのまま飛び出していったのでしょう。可哀想な事をしたと思い、子供には教室で、保護者には電話ですぐに謝りました。

忘れ物を取りに行かせたのはいいのですが、全員が無事に帰ってくるまで気が気ではありませんでした。あれ以来、私は子供に忘れ物を取りに行かせるのは止めました。今は、管理職からも十分注意されているからもうこういう事もないでしょうが、もし、そんな事をしたら、大変だと思います。

○1年生というのは……

1年生は本当に大人では考えられない事をするものですねえ。この学校に勤務したばかりの時です（私は、元旦付で発令になりました）。やはり、マイナス20度近くの、北海道言葉ではいわゆるしばれる寒さの朝でした。小学校の近くに大きな橋があり、1年生の男子がその欄干《らんかん》の鉄の棒を舌で舐《な》めたら、ピタッとくっついて舌が取れなくなり大騒ぎになりました。幸い、近くの主婦が通りかかり、自宅からお湯とタオルを持ってきてその子の舌を鉄の棒から取ってくれたので大事に至りませんでしたが、今思ってもぞっとします。

これもこの学校に勤務していた時ですが、私と同じ1年生を担任していたV先生から聞いたお話です。ある日の朝、V先生が教室へ行くとW子ちゃんがアスパラガスをたくさん持ってきて「先生、ハイ」と言って差し出したそうです。V先生がびっくりして訳を聞くと「先生、昨日、W子が『アスパラガスを家で作っているから、持ってきてあげるね。たくさんがいいかい?』って聞いたら、先生、『うん』って言ったでしょう。だから、持ってきたんだよ」と言う事でした。なるほど、昨日、W子ちゃんが自分に何か話していたなとは思っていましたが、まさか「アスパラガスをあげる」と言ったとは全然気がつかなかったそうです。V先生は「たとえ、1年生の話でもきちんと聞くものだね」と、しきりに反省していましたが、私もまったくそう思いました。

○「竹下さん！」

私には漫画の〝サザエさん〟的なところがあるので、学校でもよく失敗をします。

3年生を担任していた時、タレントの〝竹下景子さん〟に似たX子ちゃんが、我がクラスにいました。算数の授業をしている時、X子ちゃんが手をあげたので、私はその子をあてるとき、つい「竹下さん！」と言ってしまいました。当のX子ちゃんは勿論の事、周りの子供たちも皆「先生、何を言っているんだろう」と言う不思議な顔をしていました。無理ありません。子供たちは、大人のタレントである〝竹下景子さん〟を知らなかったんですものね。これが、もし、子供たちが〝竹下さん〟を知っていたら、教室中爆笑しただろうなと思うと私は可笑《おか》しくなって、黒板の方を見てひとりで笑いました。いや、これがもし、参観日だったら……と思うと冷や汗が出ます。

○ふれあいノート

これもまた、私が3年生を担任していた時です。担任と保護者間で〝ふれあいノート〟

と言うノートを作って保護者にも書いてもらいました。これを作るに当たりノートの初めに私は次の文章をのせました。

［ふれあいノート］

初めまして……3年2組のご家族の皆様、お元気でいらっしゃいますか。

私は今日誕生したこのノート〝ふれあいノート〟です。私が誕生したいきさつについては、先日の参観日の学級懇談に参加された方は御存知だと思いますが、不参加の方が26名いらっしゃいましたので、ここで改めて説明させていただきます。

日ごろ、学校からの一方通行のプリントは数多く出されておりますが、これに対して保護者の皆様の声を出せる機関紙はせいぜい文化部の広報誌しかありません。しかも、この広報誌は全校的なものなので、書くのが苦手な方に取りましてはなかなか書けないようです。そこで、気楽に何でも日常話し合う事をクラス内だけでも、書き合って読み合おうという趣旨からこのノート（つまり、私）が出来上がりました。5日の懇談会では出席者15人全員に賛成してもらい生まれました。

私は双生児でして（今はやりの5つ児でなくて残念でした）、2冊一度に誕生しました。この2冊で3年2組のご家庭をいつも回っている事になります。

まず、このノートは担任からお宅のお子さんに渡されます。このノートを手にしたらまず読んで、もし書きたい事があったらお気軽に何でもお書きください。書きたい事があるんだけれど字が……なんて考える必要はありません。担任の字を見てください。担任の字を見たら、大抵の方は安心して書けると思います。それでもどうしても書けない方がいらっしゃるとすると、その方は知性と教養のあり過ぎる方です。そういうものはかなぐり捨てて、皆さん、裸のお付き合いをしませんか。漢字を忘れたら辞典など調べて書く事はありません。ひらがなで書くのです。辞書など引いていたら書くのが億劫《おつくう》になるからです。このクラスの半分はお母さんが働いています。このノートはそういうお忙しい方のためにもあるのです。時にはご飯支度をしながら、お掃除をしながら、また、赤ちゃんが寝ている間に書く事があるかもしれません。でも、書く事を強制してもいません。たまたま、このノートが回ってきた時、書きたくなかったら何も書かなくても良いのです。そういう時はただ「見ました」とかご自分の見た印の自筆のサイン（名前）だけでいいのです。ノートが回ってきたら、1～3日までに担任に戻してください。5日も6日もお宅で温めておくと、私を楽しみにして待っている方に迷惑をかけます。お宅で早く戻してくれますと、それだけ私の回転も早くなります。もし、この私についてのルールをあえて書くとしたら、皆さんのご家庭にしょっちゅう回ってくる町内の回覧板のように〝早く回す〟と言う事ぐらいでしょうか。

おっと、まだ大事な事を書き忘れていました。このノートはお父さん、お母さんは勿論の事、おじいさん、おばあさんも書いていいのです。先ほども書きましたように、3年2組には半数の働いているお母さんがいらっしゃいます。という事は、それだけおじいさんやおばあさんにお世話になっている子も多いかもしれません。従って、3年2組の児童と接しているご家庭の方は誰でもこのノートに書けるという事になりますね。

それから、書いた月日は必ず記名してください。書いた方のお名前は自由に致します。記入したくなかったら、匿名《とくめい》にしてもいいですよ。とにかく、本音を書いてもらいたいから、このように致しました。そうそう、絵を描いてもいいですよ。おやおや、大変長くなってしまいましたが、早く、私が皆さんの文字で一杯になる事を願いつつ第1回目のお便りといたします。

1976年（昭和51年）10月7日記　3年2組担任

＊　＊　＊　＊　＊

早速、たくさんの保護者の方が書いてくださっていましたが、この本（『落ちこぼれ先生、奮戦記』）には許可を得た一部の人たちの文しかのせれませんでした。この他に、児童にもひとり1冊ずつ〝心のノート〟として持たせて、担任との意思の疎通を図りました。児童は担任が自分だけに書いてくれると思ってか、自分の気持ちを素直に書いてきたのも担任として嬉しかったです。しかし、これもこの本にはのせられません。保護者と同じ理由で本人の許可を取らなければならないからです。

○教室寸描（1）

〝11月×日　給食時間のひととき〟

給食はグループになって食べます。担任も1週間交代で順々にグループに入って一緒に食べます。

「先生、Z子ね、明日、いい事があるんだよ」

「フーン、どんないい事があるの?」

「明日ね、うちにお風呂が着くんだよ。それから、お寿司も食べるんだよ。もう一つ、ゴム手袋も買ってもらえるんだよ」

「ああ、それは良かったね。でも、どうしてゴム手袋を買ってもらうの？」

「Z子ね、これから雪遊びをするでしょう？　毛糸の手袋だとすぐぬれて冷たくなるから、ママがゴム手袋を買ってくれるって言ったの。だから、それをはいて雪遊びをするんだよ」

「なるほど、なるほど。なかなかの名案だね。ところで、先生も今日、お寿司を食べるんだよ」

「フーン、どうして？」

「あのねえ、先生たちの結婚記念日だから……あなたのお父さんとお母さんの結婚記念日はいつだか聞いてごらんなさい」

「うん」

次の日、

「先生、お母さんたちね、2月7日だったよ」とにこにこしながら言っていました。

○教室寸描（2）　10月○日

この日は大変寒かったのですが、いくら旭川でも10月の初めという事でまだ暖房は入っていませんでした。私は朝、7時35分に学校に到着して、出勤簿に捺印《なついん》してすぐ教室へ行きました（新卒の時、汽車通勤をしていたのですが、田舎だったので2時間に1本しか汽車がなかったため、いつも早く学校に着いていました。すると、それ以来その癖《くせ》が取れなくて何処の学校へ行っても朝は早かったのです）。昨日はA君を叱ってしまったけれど、今日は元気に来るかな？　今日はまた特別に寒いけれど、皆、どんな顔をして来るかな？　などと考えながら児童の〝心のノート〟の返事に赤ペンを走らせます。8時5分前になりました。

「先生、おはよう。今日は寒いねえ。ほら、先生、手がこんなになっちゃったあ」と言って、B子ちゃんが真っ赤になった手を私の手につけました。

「わあ、冷たいねえ。今日はまた、特別に寒いねえ。しばれなかったかい？」

「『しばれなかったかい？』だなんて、先生、大げさだあ」

「C君、今日は一番ではなかったねえ」C君はいつも一番に来るのです。

8時になると、「おはよう」「おはよう」と大勢の子供たちが登校してきます。「おはよう」とひときわ大きな声でお話の好きなD子ちゃんが入ってきました。早速「先生、あのねえ……」ほら、きました。このD子ちゃんが学校へ来るとまず「先生」と言って昨日あった事を中心に喋り出します。私がトイレに行く時も廊下まで付いてきて話します。こういうお話好きな子だけでなく、クラス全員の子とお喋りする時間が今の私には欲しいのです。いや、欲しい、欲しいと言っているだけではダメですね。こういう時間を担任の私が作るように工夫すべきでしょう。そして、子供とのこういうふれあいが私自身とても楽しいし、子供とコミュニケーションをとる意味でも大事だと思います。

○教室寸描（3）10月△日　教室の掃除風景

「これから、お掃除を始めます。今週の最後のお掃除なのでしっかりやってください」

ガタ　ガタ　ガタ（児童が机を下げる音）

「Eさん、はき方が昨日より上手になりましたね」

「F君、スチームのラジエーターの下も掃いてください」

「先生もよく床拭きをしているようですね」

「G子さん、ふざけないでやってください」

やがて、掃除も終わったようです。

「これから、掃除の反省をします」

「ゴミは落ちていませんか」「落ちてた」「あっ、そこにも」「今、僕、拾う」

「拭き掃除は出来ましたか」「出来ました」

「机の整頓は出来ましたか」……などなど、しばらく続きます。そして……。

「気のついた事のある人?」「ハイ」「ハイ」「ハーイ」

「H子さんがとてもよく床拭きをしていました」

パチ、パチ、パチ(皆が手を叩く音)

「I君が美化係でもないのに、流しの汚いゴミを素手で捨てていました」

パチ、パチ、パチ
「自分で悪かったと思う人はいませんか」「ハーイ」「ハーイ」(2~3人)

「掃除をしないで窓の外を見ていました」

「友達と喧嘩をしていました」

「正直でいいですね」

まだまだたくさんありますが、書ききれないので今日はこれくらいにします。そして、やっと「先生から……」になります。そうです。掃除が始まってから今まで、担任は全然喋《しゃべ》っていません。掃除の班長を中心にして、自主的にやっていました。この時、担任はひとりの児童として黙って一緒に掃除をしていたのです。でも、このようにスムーズにいかない時もあります。掃除の班にもよりますね。

○教室寸描（4）昭和52年2月□日

学芸会も終わり、7日ぶりで今日からまた、授業が始まりました〈旭川の小学校では普通学芸会は秋にやりますが、この学校はまだ出来て新しかったので体育館がありませんでした。そこで、体育館が2学期に完成したので、この年度〈昭和51年度〉の学芸会を2月に行いました〉。

学芸会疲れでトロンとした目の子は、また、例の担任の気合が入りびっくりしていました。授業中、がっちり叱られても休み時間になると、どの子も目をキラキラさせて「先生、遊ぼう」「先生、どれどれおぶってあげるう。うわあ、うちのお母さんよりデブだあ」「先生、今度、私をおんぶしてえ」「先生、E子ちゃんばっかりおんぶして、ずるい〜。私もおぶってよう」担任も年なのでしょうか。体重の軽い小さい子を、つい、おんぶしてしまう悪い癖《くせ》があります。気をつけなくちゃあ。担任が「体育館で遊んでおいでえ」と言うと「先生も遊ぼう」と言う声が返ってきます。「ようし、先生も久しぶりに遊ぼうかあ」〈担任は、学芸会の事で頭が一杯で、このところ子供たちとはほとんど遊んでいませんでした）「ウワァー」と、子供たちの歓声です。ぞろぞろぞろ（担任の後についてくる子供たちの音）。

体育館で……。

担任が「足ふみ鬼ごっこをしようか」と言うと、すぐに4～5人の女子が集まってきて、たちまち十数人の男女の輪に広がりました。始めると、J君ががっちりと私の足を踏みつけました。「ウワー、痛い」と大袈裟《おおげさ》に声を上げると、敵もさるもの、それがわざとだと言う事をすぐに見抜いて、私の方を見て〝あっかんべえ〟をしていました。それを見て「これでいいんだ」と、私は心の中でほくそんでいました。

次は体育です。本当は外でスキーをする予定でしたが、風邪ひきが多くて11人もスキーが出来ないと言うし、外も吹雪のようだったので、スキーの代わりに体育館でドッチボールをしました。スキーの好きな男子もドッチボールとなると、文句を言う子は誰もいません。笛を持って立っている担任は少々寒かったけれど、やっている子供たちは元気で、途中で止めたがる子は誰もいませんでした。

この日は風邪で二人欠席して、ひとりは昨日の日曜日家族で伊の沢へスキーに行って捻《ねん》挫《ざ》をしたとかで、早退しました。放課後、学芸係に絵を張るのを手伝ってもらい、2時ごろその子たちも帰りました。

皆が帰ってガランとしたクラスで、ふれあいノートを書いています。そういえば、何時だったか忘れましたが、やはりこのようにガランとした教室で担任がひとりでテストの丸つけをしている時、忘れ物を取りに来たK君が「先生、この広い教室でひとりで仕事をしていて寂しくないかい？　僕も一緒にいてあげようか」と言い、私をホロリとさせました。「ありがとう。でも、もう遅いからK君、今日は帰りなさい」と言うと「うん、じゃあね」と返事して、元気よく帰っていきました。

1日あった事を振り返ると、一人ひとりの子供の顔が担任の脳裏《のうり》に映ります。どの子も皆子供らしい子です。我が子のいない担任でさえこんなに可愛いと思うのですから、親御さんにとってはどれだけ可愛いかしれません。4年生になってもまた、このクラスを持ちたいと思いました。

○昭和52年　2学期　4年生担任〈〝ふれあいノート〟より〉

2学期もとうとう始まりました。3年生の時ほどたくさんではありませんが、それでもそれぞれ自分で計画して完成した品々を持って、子供たちは元気よく登校してきました。私は作品の多い少ないと言う事についてはあまり気にしていません。要は自分で計画した事がいくらかでも守れたかと言う事です。極端に言えば、1学期病気ばかりしていた子の夏休みの目標は〝体力作り〟になるでしょう。それがしっかり出来ていれば、いわゆる机に向かってする国語や算数、また、工作などは出来なくてもいいのです。本人は勿論、ご両親も「うちの子は、学校へ何も手には下げて行かないけれど、この真っ黒くたくましくなった体が立派な作品なんだ」と思えばそれで良いと思います。

さて、我がクラスの子供たちですが、夏休みが過ぎてまた、一段と大きくなったように感じます。大きな子はもう少しで私と同じくらいの背丈になろうとしています。

始業式の日、担任の嬉しかった事が3つありました。

1つ目は、夏休み中、子供の事故が1つも無かった事です。我が家のすぐ近くの小学校で1年生が夏休みに入ってすぐに忠別川で溺れて死んだと言う事を聞いた時、私も他人事ではなくなり、どうか皆無事に夏休みを過ごして欲しいと祈る気持ちでした。私は、夏休み、冬休みなどの長期休業中はあまり旅行はしません。その理由はお金が無いのが第一ですが、次に、我がクラスの子が事故にあった時、担任が近くにいなくて連絡がつかなかったら困るからです。

2つ目は、2学期始業式の日、我がクラスの児童42名がひとりも欠ける事なく、全員元気な顔を見せてくれた事です。早速、児童一人ひとりと握手をしたのですが、担任としてとても嬉しかったです。

3つ目は、休み中、一番心に残った事をひとり残らず全員がこの日に話してくれた事です。ある子は一度では足らずに「追加」を出したかと思うと、また別な子が「追加の追加」を出したりして、担任は嬉しい悲鳴をあげました。

さて、今日は子供たちが2学期の目標を立てる日です。どんなのが立てられますやら、私も楽しみにしています。そこで、私も次の2つの目標を2学期に向けて立ててみました。
1、児童と出来るだけ遊ぶようにする事
2、児童を叱る時には、女性教師にありがちな、感情的にならない事
上記は2つともに私自身かなり努力しないと守れないような気がしますが、自分に厳しくして、連日、自分との戦いでやってみます。2番目については、お母さん方も同じ女性として分かっていただけると思うのですが、如何でしょう。

さて、4年2組の保護者の皆様、2学期も1学期同様ご協力くださいますよう。よろし

くお願い致します。

次に担任の夏休みの目標とその反省をお知らせします。

担任の夏休みの目標	反省
1、クラスの児童全員にはがきを出す	○
2、ひとりでも多くの知人、友人と接する	○
3、テレビを見る	△
4、本を読む	△
5、家の中の整理整頓をする	△

以上が、私の今年の夏休みの目標と反省の結果です。本当は1番から4番までにしようかと思ったのですが、それでは、独身者の目標とあまり変わりがないので、私も一応家庭の主婦であるという事を証明するために、小さく5番の目標をかかげてみました。

ところで、この目標一つ一つについて事細かに書き出すと、このノートの4～5ページは軽く使ってしまいそうなので、今回は1番の〝児童全員にはがきを出す〟と言う事について考えた事を書いてみます。

冬休みの年賀状にしろ、夏休みの近況報告の便りにしろ、児童から来た物については必ず返事を出すというのが、私の新卒当時からの方針でした。ところが、教員生活7～8年目にして初めて1年生を担任した時の事です。夏休みが終わって私から返事をもらったK子ちゃんは大いばりで「これ、先生からお便りもらったんだよ」と、まるで自分だけが担任からもらったようにそのはがきを他の児童に見せびらかしたのです（勿論、K子ちゃんが先に私にお便りをくれたので、返事を出したのですが……）。そうすると、もらわなかった子はただ、羨《うらや》ましそうに見ているだけでした。その瞬間、私ははがきをもらわなかった子に対して罪な事をしてしまったと思いました。

子供たちは皆、担任からの便りが欲しいのです。ただ、1年生の子供ははがきの表書きは出来ないのです。学校で事前に教えたとしても、自分ひとりで書ける子はほんの一部に限られるでしょう。だから、後はその子の保護者が担任に便りを出す事に関心があるかどうかにかかってくるのです。ここで、私が言いたいのは、子供が小さければ小さいほど保護者に左右されると言う事です。一番可愛そうなのは自分（子供）も書きたいし、担任からの返事ももらいたいのだけれど、保護者の理解が無いと言う場合です。それで、私はそういう子供のためにも全員に便りを出す事にしたのです。子供が小さければ小さいほど私は相手からの返事は期待していません。私からの手紙を見て喜んでもらえてたら、それでいいと思います。でも、3～4年生と大きくなってきますと、家の人の手を借りずに自分で表書きも出来るようになりますし、便りをもらった相手に返事を出すと言う礼儀から言っても、出来るだけ返事を書かせる様にしています。

しかし、今回のように私からのはがきが遅くなった場合、子供からの返事が私に着くころには、学校で会えると思って返事を書かなかった子がたくさんいたようです。それに、旅行などして家にいなかった子もいたかもしれません。だから、今回も私は児童からの返事はあまり期待していませんでした。

夏休みが終わる2～3日前に会った友人の教師に「子供ってなかなか返事をくれないものだねえ」と言うと、すかさず「あなたは子供から返事をもらうために手紙を出しているの？」と言われました。「もし、そうなら、子供こそいい迷惑じゃないかしら？　担任の方から42人全員に勝手に手紙を出しておいて、その返事を強制するというのはあまり良い方法ではないな。そりゃあ、あなたはもう4年生なのだからはがきの書き方や世間一般の常識を教えているつもりかもしれないけれど、子供がいやいや書くはがきには〝心〟がこもっていないわよ。私だったら、書きたい子が〝心〟をこめて書いてくれた方が嬉しいな。大人の筆不精な人を見ても分かる通り、その人たちだって決して自分が書きたくないから書かない訳ではないと思うの。ただ、その返事を書こう書こうとしてもなかなか書けないというのが現実ではないかしら？　だから、私は筆不精な人にお便りをする時は『お忙しい貴方の事ですから、お返事は大変だと思います。どうぞ、お気になさらないでください』と、書いてあげるの。あなたも子供たちに手紙を書くときは子供があなたの手紙を見て喜ぶ姿だけを望みなさい。たとえ、返事が来なくても、その子は十分にあなたの事を思っているのだから……」と言われてしまいました。でも、そう言われてみるとこの人の言う事はもっともだと思いました。

この教師は私より2～3歳しか年齢は上でないのに、この人と私の考え方には大きな開きがあると思いました。また、同時に子供からの返事を必ずもらおうとしていた自分が恥ずかしくなりました。

以上、〝児童全員にはがきを出す〟と言う事について、最近あった出来事をざっと書いてみました。またまた、長くなってすみません。

昭和52年8月20日　担任より

○〝ふれあいノート〟より

小学校の学芸会は、時間、児童数、内容などの関係で色々と制約されて、児童の個々の力を十分に発揮出来ないのが教師側の悩みです。児童も適材適所という訳にはいきません。3年の時合唱をやったから4年は劇へというふうに、歌の上手な子が劇へ行き一言も喋らない役をしたり、身振りの上手な子が楽器へと言う事もあります。適材適所と言う事を重視すれば、昔のように児童の希望を全く無視して教師が役を決めてしまう事になるでしょう。勿論、この度もどうしても自分の希望が聞き入れられなくて、何人かは担任との話し合いで第二希望の方へ回った子もいます。でも、あくまでも児童の納得の上で役をやってもらうのです。

4年生は総合劇をやりましたが、私が担当した合唱では、この短い2週間で8曲をどうまとめるかという事に頭を悩ませました。8曲何も見ないで覚えてもらうだけで1週間かかりました。後の1週間は、実際に舞台で劇、器楽と合わせながらの練習なので、あまり細かい所の注意も出来ません。いつかテレビで児童合唱団〝ゆりかご会〟の指導をした川田正子さん（童謡歌手、川田三姉妹の一番上のお姉さんです。今は故人になりました）が「合唱を短期間で指導する時の上手、下手は児童の態度で決まります。つまり、一生懸命歌っているかどうかです」と言っておられたのを思い出しました。そこで、少し厳しいくらい口を大きく開けさせて指揮者を良く見ると言う事を徹底《てってい》させました。また、私は太い棒を持ち、曲のプレス（休み）で何拍休むか、机などを叩いて児童に知らせながらやりました。だから、途中で指揮棒に変えた時、我がクラスのU子ちゃんは「先生、その棒なら叩かれても痛くないよ」と言うのです。つまり、U子ちゃんは私が持っていた太い棒はリズムを取るためではなく、子供たちのお尻でも叩くためとでも思っていたのでしょう。私が太い棒を持って机を叩きながらリズムを取るのは大きな音が出るからです。曲に慣れたら、指揮棒を使います。初めから指揮棒を使っていたら、リズムを取るための音が出ません。私は棒で子供たちを叩いた事はありません。素手でなら、私もゲーム感覚で子供のお尻を叩いたり叩かれたりしていましたが……

このような厳《きび》しい練習にも子供たちはよく頑張ってくれました。学芸会の反省の時、合唱の子供たちは勿論の事、他の子供たちもうんとほめて、黒板に旗のついた花丸を大きく描いてやりました。

学芸会でももう少し改善した方が良い所がたくさんあったと思いますが、それは児童が悪いのではありません。教師にも責任があったのです。その事を頭の隅におかれて、保護者の方々も我が子をほめてあげてください。子供たちは誰よりもお父さん、お母さんにほめてもらうのが一番嬉しいのです。そして、最大の励みになるのです。まだ、ほめていない方は今からでも良いですから、一言ほめてあげて欲しいと思います。最後になりましたが、この学芸会では子供たちの衣装などで保護者の皆様には色々とご迷惑をおかけした事をお詫びいたします。ご協力、本当にありがとうございました。

昭和52年11月4日　担任より

○〝ふれあいノート〟より

皆様、明けましておめでとうございます。今年のお正月はどのようにお過ごしでしたか。この冬休み、現在の我がクラスの子供たちの他に、2年前に担任した現在中学2年生の生徒も数名、我が家に遊びに来ました。その時の会話です。

「先生、中学へ行くとね、片倉先生が小学校時代に言ってくれた考え方とまるきり反対の先生がいるよ」

「フーン、でも、あなたたちはその先生と色々と話し合いをしていないから、そんなふうに思うだけでないの？」

「そうかなあ。でも、片倉先生の言ったとおりの事をすると、他の生徒にバカみたいに思われる事があるよ」

「そうそう、うちのお姉ちゃんもね『高校へ行くと、もっとひどい！』って言っていたよ」

「と言う事は、小学、中学、高校、大学そして大人になるに従って、つまり、頭がよくなるにつれて、人間はずる賢くなるのかなあ」

私はこの会話を聞いていてだんだん変な方向へ話が変わってきたと思っていると、突然、V子さんが言いました。

「でも、中学校にだって、良い先生も良い友達もたくさんいるよ。ただ、今の中学校では、先生や友達と話し合う時間がないんでないかな？　個人的に話し合うと皆良い所をもっていると思うんだけれど……人の長所を認められないんだな、今の学校では……」

この話を聞いて、私は〝なるほど、なるほど〟と思いました。中学生も高校生も彼らは心を開いて話し合える友達、先輩、教師を求めているのです。それなのに、今の受験地獄の中では「そんな事を話す時間があったら、数学の1つでも解きなさい。英単語の1つでも覚えなさい」と言う事になってしまうのです。

では、現在、私が可愛い教え子たちに出来る事はなんだろう？　と考え、

「これから、あなたたちが勉強、恋愛、友達、両親などその他何でもいい、もうこれ以上誰にも相談する人がいない、どうしよう、どうしようと困った時に私（片倉）を思い出してね。その時、私は立派な相談相手にはなれないかもしれない。でも、私に話す事によって少なくても苦しんでいるあなたたちをさらに苦しめる事だけはしないつもりだよ。あなたたが苦しんでいる時に、その話を真剣になって聞いてあげれる人になれるように私も努力するね」と、言いました。そして、「私はね、あなたたちが幸せな時に思い出してくれなくてもいい。困った時に思い出してちょうだい。私はその方が嬉しいから……」と言って、皆を帰しました。

こんな格好の良い事を言って良かったのかな？　でも、私が教師をやっているのは、最終的にはこのためなんだ、と思いました。教え子たちが、何年もいや、何十年もたってから困った事を言いに来れる教師、困った時に思い出してもらえる教師、私はこういう教師になりたかったのです。

この冬休みも学生時代の友人３人（３人ともママさんです）に会って、我がクラスのお母さんたちが直接、私（担任）には言えない担任に対する不満を色々と率直に話してくれました。それらの事全部が我が身に当てはまる思いで、まな板のこいのようになって聞いていました。幸いにして、我がクラスのお母さんたちは他のクラスのお母さんたちに比べて、比較的何でも私に言ってくれる方だと思っていましたが、それでも、ちょっとこんな事は直接担任には言えないだろうと言う事も学友たちは教えてくれました。

3学期は短いですが、これらの事を胸に秘めさらに良い教師になるよう頑張りたいと思いますので、どうぞよろしくお願い致します。

1978年（昭和53年）1月20日　担任より

〇〝ふれあいノート〟より

また、相変わらずこのノートに書きたい事は山ほどあるのですが、考えてみたら4年生も後2ヶ月しかありません。私が、このノートで筆を取るのはこれが最後になるのではないかと思いまして、今、これだけはどうしても保護者の皆様にお知らせしたいと言う事を次に箇条書きにしてみます。5年生になるとおそらく担任も変わると思いますので、次の担任に対するお母さんの接し方について書かせてもらいます。その方が、お子さんのためにもきっと、良いのではないかと思うからです。

1、担任の悪口は子供の前では絶対に言わない事

子供も十人十色で色々な子がいますが、担任の悪口を親から聞いていると、担任とのコミュニケーションの良い子は担任との会話でつい口に出てしまいます。親が子供に担任の悪口を言っておいて「先生に言ってはだめだよ」と言っても、子供にはそれが通じません。

私は字が下手なのですが、ある日の給食時間です。W子ちゃんが給食を食べながら（前にも書きましたが、私も子供の所へ行ってグループごとに一緒に食べます）、私に「先生、うちのお母さんね『先生の字は下手だ』って言っていたよ」と言うので、「そうだよ。先生の字は下手なんだよ」と答えました。その事について私は別に何とも思ってはいませんでした。字が下手なのは自分でも認めているのですから……ところが、しばらくしてW子ちゃんの家に家庭訪問に行きました。お母さんとお話しているうちに何かのはずみで字の事になって「私は字が下手だから、書写の時は困るのですよ」と言うと、そのお母さん「いいえ、先生、そんな事はありません」と言いました。勿論、私は学校でW子ちゃんが言った事をお母さんに話した訳ではありません。が、お母さんもまさか我が子が学校でそんな事を担任に言っていたとは夢にも思わなかったでしょう。私はお母さんにはその後も黙っていましたが、もし、お母さんがその事を知ったらどうでしょう？　きっと、顔から火がでるほど恥ず

かしい思いをすると思います。だから、我が子には担任の悪口は言わない方が良いのです。また、「これは先生に言ってもいいけれど、それはダメ」と、親に言われると、子供はどれを言っていいのか分からなくなって、結局は必要な事まで担任に話さなくなります。「うちの子は無口だから担任になんか言わないから、安心安心」などと思っていると大間違いです。そういう無口な子供ほど「僕（私）の先生はお母さんが言うように本当に悪い先生なのかなあ」と、真剣に思って悩みます。こうなると担任と児童がうまくいくはずがありません。保護者の皆様、担任の悪口を子供の前で言う事はタバコと一緒で、子供にとって〝百害あって一利なし〟と言う事をお忘れなく……。

2、担任に不満があったらどうしたらよいでしょう?

教師だって人間ですから、色々な人がいます。良い人に当たればそれに越した事はありませんが、私のような最低の教師に2年間も習わなければならない場合もあるのです。これは、そんな時のために書かせてもらいます。

担任に不満がある時は直接その教師に言う事です。でも、「先生の教え方が悪い」「熱心でない」と言われても、どのように教え方が悪いのか、何処が熱心でないのか、若い教師であればあるほどさっぱり分かりません。私たちが子供に渡す通知表の所見欄に書くように「教室ではもっと大きな声を出して」「黒板にはもっと大きな字で書いて」「作品には先生の直筆で所見を一筆書いて」などと具体的に言うのです。それに対して、教師の方も何か考えがあってやっている事でしたら、お母さん方に一言申すでしょう。また、教師も自分が悪いと思ったら素直に謝り、自らの行いを直すと思います。

ところで、これからが特に大事なのでよく読んでください。教師も人の子ですから、悪い事を何の飾りもなくベラベラ並べ立てられてはコチンと頭にきて、まとまる事もまとまりません。そこで、どんな教師にも必ず良い所があるはずですから、それをまず先に認めるのです。それから、「うちの子はこういっていたのですが、間違っていたら謝ります……」とか「私の勘違いかもしれませんが……」と言ってから本題に入るのです。

例えば、音楽は得意だけれど、宿題を出してくれてもさっぱり結果を見てくれない教師に対しては「先生のクラスになってからは、テレビでもバレエを見るようになりました。『お母さん、これはね、ソ連のボリショイバレエ団で、〝白鳥の湖〟と言うのは……』と、色々と説明してくれるようになりました。こんな事は前には無かった事です。また、色々な楽器にも興味を持ち始めました。音楽とは縁の無かった我が家にとってはとてもありがたい事です。それに、先生も宿題を時々出してくれるので、それもありがたいのですが、その出来栄えを一寸見ていただけないでしょうか。お忙しかったら、さっとノートを見て『オッ、良くやってきたな』それだけでもいいのです。とにかく、うちの子は先生を『大好き！』と言っていますので、よろしくお願いいたします」

こう言われても頭にくる教師がいたら、それはよほどのへそ曲がりです。お母さんが相手の立場になって、小言を言われる教師になったつもりで言うと、その教師に素直に受け入れてもらえると思います。こうなったら、〝負けて勝つ〟です。教師を良い気持ちにさせておいて、その実教師はお母さんの言う通りになっているのです。教師とお母さんが喧嘩になった時、どちらが先に利口になるかで勝負は決まるのです。

学校での様子を子供から一方的に聞いて、見境もなく感情的に学校へ電話をかけてくる人も広い世の中にはいますが、そういう場合は相手（教師）がどんなに悪かったとしても、中に入った第三者にはそうは見てもらえません。〝我が子となると見境もなく怒鳴り散らすバカな親〟としか思われないのです。そうなると、一番可哀相《かわいそう》なのが我が子です。教師と親が喧嘩をした時、子供の事を良く考えた方が利口な態度に出て勝ちとなるでしょう。

いくら利口な態度で接しても〝馬の耳に念仏〟でさっぱり言う事の聞かない教師がいた

ので両親で担任に言うのでしょう？　大きな出来事（例えば、いじめなど）なら、両親で担任に言うのです。さらにダメなら、学校長、そして、教育委員会となりますが、今まで私が書きましたように、お母さんたちが利口な態度を取りますと、大抵の教師はそこまでいかないうちにすむと思います。

以上、だらだらと書いてしまいましたが、「ああ、また、片倉のお節介が始まった」とぐらいに思ってください。もっとも、教師として最低の人間の私との間にトラブルがなかった我がクラスのお母さん方は素晴らしい人ばかりですから、今まで書いたような問題は起こらないと思います。

追伸……誤解されたら困りますので、次の事を書き加えておきます。保護者の方は我が子のために担任の機嫌を取ったりおべっかを使えと言う事では決してありません。相手を信頼した上で誠意を持って当たり、後は心理作戦であると私は言いたかったのです。〝あの教師は憎らしい〟と思う時は少し、冷静になるまで黙っていた方がいいですね。教育もまた、〝信頼関係につきる〟と、私は思います。

１９７８年（昭和53年）１月20日　片倉より

5校目

6年生との思いで……

1981年（昭和56年）4月

旭川での2校目もまた、マンモス校で1400名の児童がいました。

前任校は自宅から距離にして3キロ程度でしたが、途中に大きな橋があったし、第一その時はまだ自転車にも乗れなかったので、歩いたり、バスやハイヤーに乗ったりしました（バスに乗るには、停留所までしばらく歩かなくてはならないし、バスの本数も少なかったのです）。また、同僚のマイカーにも乗せてもらったりして、大変迷惑をかけました。

○三輪車から自転車へ

この学校も自宅から3キロくらいでしたが、橋も途中にはなかったのでどうしても自転車で通いたくなり、必要にせまられて自転車に乗る練習をしなければならなくなりました。始めに大人用の三輪車で練習すると、これはすぐに乗れたのでしばらくはそれで通いました。すると、スーパーで見知らぬ子から「お母さん、この先生だよ。三輪車で学校へ通っているのは……」と、指差されたのにはさすがの私もがっくりきました。それで一大決心をして、自宅の近くの小学校へ行き（今考えると、そこが私の最終校になる学校でした）、土曜日、日曜日と夫や札幌から来た姉妹に自転車の後ろを抑えてもらって猛特訓をしました。その結果、ようやく普通の自転車に乗れるようになりました。あの時、スーパーで子供に指差されなかったら、永久に三輪車にしか乗れなかったかもしれません。そういう意味ではあの子に感謝すべきでしょう。その後、学校の近くの道でその子に会ったので「あなたのお家はどこ?」と聞くと、教えてくれた家が私の通勤路にあったので、「なるほどこれじゃあ、いつも私が三輪車に乗る姿を見ていた訳だ」と、納得しました。

40歳代のころ、自宅から片道10キロ程ある癌《がん》センターまで癌の検診に自転車で行った事があります。その時、同期の友達も車で来ていて「乗せて帰るよ」と言ってくれましたが、自転車で来た事を言うとびっくりしていました。でも、今はその元気はもうありません。

○「チョメ(我が家で飼っている室内犬)も死んだら、ゴミ箱に捨てるのですか」

この学校でも、私は次のような失敗をしています。

それは3年生担任の時です。前にも書きましたが、私は給食の時には必ず子供たちのグループに行き一緒に食べます。給食の用意を子供たちがしている時、教室で飼っている金魚の水槽を私がふと見ると、一匹の金魚が死体で浮いているではありませんか。とっさに、私は〝これから給食も始まるし、金魚の死体なんか水槽《そう》に浮いていたら子供たちも気持ち悪がって給食を食べなかったら困る〟と思い、子供たちが見ていないところを見計らって、その死体の金魚をさっと取ってちり紙に包んでゴミ箱に捨ててしまいました。するとどうでしょう。それをしっかり見ていたX君がいたのです。X君は〝心のノート〟（児童全員に持たせて、私と交換日記のようにして書いていました）に次のように書いてきました。

「ぼくは、給食の時間に先生が金魚の死んだのをゴミ箱に捨てるのを見ました。ぼくはかわいそうだと思いました。先生の家のチョメも死んだらゴミ箱に捨てるのですか」

これには私もショックを受けて、次のように返事を書きました。

「ごめんなさい。あの時は給食時間中でみんなが食べていたので気持ちが悪くなったら困ると思って、死んだ金魚をついさっさとゴミ箱に捨ててしまいました。もちろん、先生のうちのチョメが死んだら、犬やねこが死んだら焼いてくれる所へ持っていってきちんと焼いてもらいます」

ちなみに、X君は人一倍動物が好きな子でしたが、私の返事を読み終わってから私の方を見てニコッとしていたので、私もその姿を見てホッとしました。この事を参観日の学級懇談でX君の名は匿名にして保護者にも伝えました。〝大人の教師も子供（教え子）には教えられる事が多いものだ〟と、この時思いました。

○J君

4年生の担任をしていた時、体格もよく、活発なJ君がいました。ある日の掃除当番の時、ひとりで一生懸命、教室の流しのゴミだめの場所を素手で掃除をしていました。素手では私も汚くて出来ないので、我が家からゴム手袋を持ってきて教室に置いてありました。それを使うようにJ君に言ったのですが、使おうとはせずにとうとう最後まで素手で流しの掃除をしてくれました。私の出来ない事をJ君はしてくれたので、すっかり感心してすぐにJ君のお母さんに伝えました。

J君はまだ4年生なのに、大人の新聞もよく読んでいました。だから、給食時間に私と一緒に食べながら「先生、今朝の新聞に出ていた○○とはどういう事なの?」などと質問されるので、分からない事は「ちょっと待って、先生も調べてくるから……」と言う事がよくありました。また、J君はユーモアもあって2月のスキー学習で山へ行った時、あまりスキーの上手でない女子が皆とは別な方向へ突っ込んでいきました。すると、すかさずJ君は「〃みちのくひとり旅〃一丁上がり」と言っていました。その子を馬鹿にした言い方ではなく、あっさりと誰もがつい微笑んでしまいたくなる言い方だったし、何よりも、言われたK子ちゃんも笑っていたので、私も注意をしないで黙っていました。（この時、丁度、歌手の山本譲二さんの曲〝みちのくひとり旅〟がヒットしていました）

○児童が付けた〝担任の通知票〟

担任は年に3回児童に〝通知票〟を渡しますが、普通はその反対はしません。そこで、私はこの学校で4年生担任の時、初めて児童から担任への〝通知票〟として文章で〝担任の良い所と悪い所〟を書いてもらう事にしました。その事を同学年の他の教師に言うと、4年生の子供にはまだ正しく担任の評価は出来ないし、どんな評価をされるか恐ろしいなどの理由から、私のように〝担任への児童からの通知票〟を実践する教師はいませんでした。確かに、4年生の児童では正しい担任の評価は出来ないかもしれません。でも、ある程度担任自身の反省材料にはなると思います。勿論、担任に対してどんな悪い事を書かれてもその子に対してどうのこうのと、いう事はありません。それを覚悟の上で実施しました（ちなみに、これを書くに当たり、児童には無記名で書いてもらいました）。

〈先生の良い所〉

・2年生の時のように、月、火、水、木、金の曜日ごとに掃除を分けないで、忘れ物をした人や廊下を走った人たちに掃除をさせる事です。もう一つは低学年と高学年の〃広場〃であいている時間に体育館で私たちのクラスだけでドッチボールをさせてくれる事です。でも、このごろはさせてくれないので、がっかりです。
・授業中、面白い話をしてくれる。
・悪い事は「悪い」と言って叱ってくれ、良い事をすると必ずほめてくれた。
・いつもにこにこしている。
・悪い事をするとふつうの先生なら頭を叩くけれど、片倉先生ならお尻を叩くのでいいなあと思った。
・みんなの忘れ物が多いために〃忘れませんカード〃を作ってくれたり、お母さんと先生の間で話したい事を書く〃ふれあいノート〃を作ってくれたり、私たちと先生の間に〃心のノート〃を作ってくれた事です。その〃心のノート〃のお陰で皆の書く文章が上手になりました。
・みんなも書くと思うけど、先生は楽しいです。そして、勉強以外の〃心のお話〃など、いろいろな大事な事も教えてくれます。

・大きな声で言葉がはっきりしていたので、勉強がわかりやすかった。
・教室のだれかが困っていたら、相談にのってくれる。
・おこるときはおこるが、だいたいはにこにこしている。ぼくはそれをいつも願っている。
・勉強のわからないところは、残してもちゃんと教えてくれる。
・他のクラスの生徒でも廊下を走っていたら、きちんと注意する。
・先生のこどものころの話をよくしてくれる（小学校の時、先生のうちがお菓子屋さんだったので店番をさせられて、その時、よくつまみ食いをしたとか、身体が弱かったのでよく学校を休んだなど……）。
・やさしいし、ぼくたちとよく遊んでくれる。
・先生がまちがえたら、ぼくたちにもきちんとあやまってくれる。
・私たちがけんかをしたら、両方の言い分を聞いてくれる。
・他の先生だったら、「今度、先生の家に遊びにおいでね」なんて言わないけれど、片倉先生はそう言って、先生の都合のつく限り夏休みにクラス全員の子をグループごとに分けて、先生の家に呼んでくれた。
・帰りに残しても掃除が終わったら「帰ってもいい」と言うところ。

・明るくて面白くて、熱心だ。

〈先生の悪い所〉

・時々、かんちがいをしておこる。
・のろまな私にとってはとても時間のかかるたくさんの宿題を出す。
・しゃべるとたまにつばをとばす。
・〝心のノート〟の返事を書いてくれる時、つづけ字になる事があるので、読む方ではなんとかいてあるのかわからない。
・生徒が悪い事をすると、正直に自分の悪い事を言った人は叱らないで、正直に言わない人を叱る。
・黒板の字をまちがえる。
・たまに体育をためてからやる。
・〝心のノート〟の返事を書くとき、下じきをしないで力を入れて書くので、次ぎのページにあとが写ってぼくが書くときに書きずらい。
・授業中、漢字のかきじゅんを間違えたり、生徒の言う事をききちがえたりする。

・ちょっと悪いことをしてもすぐ、「4時までのこす」とかいう。
・体育をつぶして違う事をする。
・あまり、学級通信〝太陽の子〟を書かない。
・おっちょこちょいなところ。
・叱り始めたら、長い時間おこる。
・4時まで残されるというきついばつがいやだ。
・遊び時間になっても勉強を続ける事。
・〝心のノート〟や国語、算数など出したノートを生徒に返すのがおそい。
・席替えが少なくて、好きな人と並ばせてくれない。
・おこると、教壇をくつのかかとでガンガンたたく（だから、靴のかかとがへるのだ）
（注……私が喋る時つばが出るのは、唾液《だえき》が多いからだと思います。気をつけてはいるのですが、なかなか直りません。でも、唾液が多いせいか「歯は良い」と歯科医からは言われています）

＊　＊　＊　＊　＊

子供からの通知票で〝悪い所〟は自分としても反省する事ばかりです。これを書いてもらって大変参考になったので、これ以後、3年生以上を担任した時は子供から〝通知票〟をもらうように心がけました。

○〝大きい声〟の話

私は声が大きいので、上司や同僚から「グラウンド向きだ」とか「校舎の外を歩いていても3階の片倉さんの声が聞こえる。そんなに大きな声を出して疲れないかい？」などとよく言われました。何処の学校へ行っても女教師の中ではいつも私の声が一番大きかったのではないでしょうか。「大きい声がよい」と言ってくれる子もいましたが、〝声は大きけりゃいい〟と言う物でないと自分では思っています。しかし、なかなか直せません。

こんな事もありました。3年生の国語の授業をしている時です。一番前の席で後ろを見ている子がいたので、私が「あんた、聞いているの？」と言うとすかさず、「そんな大きな声だもの聞こえる！」と言われてしまいました。

○せんべいの話

５年生も終わりに近い６年生の卒業式も済んだ日の夕方の事です。学校から帰りの家路を急いでいると、私よりも50メートルくらい先を我がクラスの児童会会長と副会長のＢ君とＣ君が歩いていくではありませんか（この時は、偶然、我がクラスから児童会会長、副会長、書記の３人が出ていて、私が児童会の担当をしていました）。よく見ると、どうやらそろばんの袋を持って大きなせんべいを食べながら歩いていました（卒業式は午前中で終わるので、午後は全校生が放課となっていました）。私は早足で彼らに追いつき、よほど「歩きながら食べるのはやめなさい」と言おうと思いましたが、そろばんをしての帰り、育ち盛りの彼らだもののきっとお腹を空かしているだろうと思ってそれを言わずに「そろばんの帰りなの？」と、声をかけました。二人ともびっくりした顔をして「ああ、先生！」と言いましたが、悪びれた顔は全然していませんでした。３人で色々話しながら歩いていくと、道の分岐点に来て私と彼らは別の道を行く事になりました。すると、児童会会長のＢ君がいきなり「先生、このせんべいあげる」と言うと、副会長のＣ君も「僕もあげる」と言って、大きなせんべいを一枚ずつ私にくれました。そして、会長のＢ君が「先生、これ、旦那さんと二人で仲良く食べたらいいよ」と付け加えて言ってくれました。

次の日、二人に学校でそっと「昨日はありがとう。あのおせんべい、とっても美味しかったよ」と言うと、二人ともニコッとしていました。

あの時、「児童会役員なのに、路上で物を食べながら歩いたらダメ」と注意をしなくて本当に良かったと思います。もし、注意をしていたら「旦那さんと仲良く食べなさい」と言う優しい言葉は勿論なかったし、第一、せんべいもくれなかったでしょう。児童に教えられた一コマでした。と同時に、この時、札幌で女性の指導主事が学校訪問の職員室でお菓子をつまんだ事を思い出していました。規則、規則で縛《しば》るよりも、教育とはこういう風にした方が、児童に思いやりのある優しい気持ちが育つのではないでしょうか。

○6年生も尻ペン

低学年が好きだった私にとって、6年生の担任はかなり緊張しました。背も私より大きい子が何人もいました。背の高い子を叱る時は、その子を椅子にすわらせて注意しました。私の尻ペンは6年生を担任してもなおりませんでした。男子は勿論、女子も平等にお尻を叩きました（勿論、目に余った悪さをした時だけでしたが……）。今、思えばこの尻ペンは女教師の特権だと思います。と言うのは、男教師が女子に尻ペンをすると今ならそれこそ

〝セクハラ〟と言われるでしょう。だからと言って、男教師が男子だけに尻ペンをすると、差別になります。

6年担任の時、D君のお尻を叩こうとして手を振り上げると、D君にさっとかわされて思いっきり自分の手を側にあったドアにぶつけてしまいました。私が思わず「イテテテ」と言うとD君はニヤニヤして笑っていましたが、それを見ていたE君曰く「こういう事もあるから、尻ペンをする時は周りを良く見てするものだ」と。ちなみに、私は尻ペンをする時は必ず素手でします。その痛さを児童と共に私も味わうのです。

〇ロジャンケン

1年生～4年生までを担任している時、私はロジャンケンをゲームに取り入れました。なぜ、手でじゃんけんをしないのかと言うと訳があります。手のじゃんけんなら、お互いに手しか見ませんが、ロじゃんけんはお互いに顔を見ながらやるからです。たとえ、数秒でも顔を見つめ合うところに意味があるのです。ロジャンケンの場合、パーは口を大きく開けます。チョキは「エーロ」と舌を出します。そして、グーは口を閉じるのです。勝ったら相手のお尻を軽く叩くのです。

私は児童が帰る時よほど急用がない限り、全員の児童と教室の出入り口でこのジャンケンをしました。この間、担任と一人ひとりの児童とはたった数秒間のふれあいですが、これが大事なのです。この日、私にがっちり叱られたF君がジャンケンで私に勝ったら、思いっきり私のお尻を叩きました。私は大きな声で（私の地声はとにかく大きいので）「痛い！」と言ってお尻をさすっていると、ニヤッとして走っていきました。F君にとっては、私に叱られた仕返しをしたつもりかもしれませんが、私はこれで良いと思っていました。だから、私が児童のお尻を叩くと言っても、児童にとってはゲーム感覚でいるところが多分にあるのです。その証拠にこれだけ体罰のうるさい時代になっても、私が児童のお尻を叩いたからと言って保護者から文句を言われた事は一度もありません。お尻を素手で叩いたからって怪我《けが》をしたという話は世間一般でもあまり聞いた事ないし、その前にこれもまた、児童、保護者、担任の間に信頼関係があるかどうかにかかっていると思います。

参観日の時も、父母の見ている所でジャンケンをしてから児童を帰しました。すると、C君が私とジャンケンをしようとすると、そばで見ていたC君のお母さんが「C、これで7回目だよ」と言っていました。私に勝たないとまた、一番後ろに並んで帰れないのです。

○保護者との喧嘩

これも6年生の2学期最後の参観日だったと思います。学級懇談で私は2学期の子供たちの様子と、最高学年としての冬休みに対する心構えを話した後、このころの我が子の様子を中心に保護者の思った事、感じた事を話してもらいました。勿論、話す事のない人はパスしてもらいます。そうしないと、学級懇談に残ると喋らされるという事で、残らない人も出てきたら困るからです。「これで2学期の最終参観日も終わった。やれやれ……」と、思いながら家へ帰ってきた夜、すごい剣幕で児童の母親から電話がきました。あれから20年近くもたっているので、具体的には原因は何だったかは忘れましたが、忘れるくらいだから多分私が悪かったのだと思います。向こうからの一方的な電話を聞いているうちに私も興奮して「それじゃあ、勝手にしてください」と言って、受話器をガチャンと切ってしまった事は今でもはっきりと覚えています。そして、夫に「私、首になるかもしれないから……」と言ったそうです。その後、そのお母さんからは何も言ってこなかったので、〝あのお母さんも落ち着いたのだろう〟と勝手に自分に好い方に解釈して、気分良くその6年生を卒業させました。

ところが、私も転勤するので送られる側の送別会の時、教頭のところへ挨拶に行き「もう時効になったと思うので告白しますが、こんな事がありました」と、保護者と喧嘩をした事を言うと「ああ、その事なら知っていたよ。次の日、その保護者が校長室に談判に来た」と言うではありませんか。私はびっくりして「どうして私に言わなかったのですか」と尋ねると教頭曰く、「校長に相談すると『片倉は気が小さいから、これが原因で卒業式までもたなかったら困るので本人に知らせないでおこう』と言った」そうです。この時、校長も退職のために送られる方にいましたが、私はすぐに校長のところへ行き、この件について平謝りに謝りました。すると、校長は「あんたは退職まで後何年ある?」と聞くので「後、15年です」と答えると「まだ、15年もあったらこれからの教員生活の中でまだまだ色んな事がある。その度にくよくよしていたら、身が持たないよ」と言ってくれました。その時、私は涙で校長の顔をはっきりと見る事が出来ませんでした。

しかし、よく考えるとこの時の保護者に対する電話での応対については、私にも反省しなければならない所があったと思います。

○引越し荷物？　家出娘？　いや、家出おばさんかな？

事務用品は勿論の事〝広辞苑〟など教えるのに必要な書物を自分で買う事がたくさんあり

ました。初めてこの学校に赴任して2日目から、その時まだ私は自転車に乗れなかったのでハイヤーを使って、それらの私物を運び込みました。その中にはいくつかの短い木材もありました。それは教室に取り付けてある書物箱の棚だけでは足りないので、その木材も棚にして使っていました。それを見た同学年のG教師に「片倉先生、それで神棚でも作るのかい？」と言われ、我ながらおかしかったです。また、違う学年の教師に「まるで、ちょっとした引越し荷物みたいだね」とも言われましたが、当の本人はそんな事気にしていません。他の教師から見たら、転勤の度にこんなに色々な物を持って歩いてバカみたいだと思う人もいたかもしれません。しかし、学校が変わるごとに持ち運ぶ引越し荷物は退職するまで直りませんでした。さながら〝家出娘？〟いや〝家出おばさん？〟と言ったところでしょうか。

○〝窓ぎわのトットちゃん〟との出会い

丁度、この学校にいた時だと思います。黒柳徹子さんが書いたあの有名な『窓ぎわのトットちゃん』を読んだのは……。第一に驚いたのは、あの戦時中にこのように自由にユニークな学校が良く作れたという事です。この私の疑問をこの本のあとがきで黒柳徹子さんは答えてくれました。その文を紹介します。

〈それにしても、あの戦争中、こんな自由な学校をなぜ文部省や国が許したのか、と疑問をお持ちの方もいらっしゃると思います。詳しい事は今になっては分かりませんが、確かなのはなんといっても小林先生（トモエ学園の校長先生）が、宣伝嫌い（今でいうマスコミ嫌い）ということで、戦前でも一度も学校の写真を撮らせるとか、「変わった学校ですよ」と、宣伝する事がありませんでした。そのお陰でこの小さい全校生で50人足らずという小学校が、誰の目にも触れることなく継続《けいぞく》できたのではないでしょうか。〉それに、私が今考えるには、国あげての戦争で、政府も小さな学校の方まで目が届かなかったのだと思います。

次に私が疑問に思ったのは学校を設立する資金はどうしたかと言う事ですが、それについても黒柳さんは答えてくれています。小林先生は私財を投げ打ったそうです。また、黒柳さんは次のようにも書いています。

〈日本にも沢山のいい教育者の方はいらっしゃると思います。みなさん、理想も愛情も夢もお持ちと思いますが、それを実際のものとするのがどんなに難しいか、私にもよくわかります。〉

この文を読んで私はハッとしました。まるで私の事を言っているようだったからです。

私もこういう学校を作りたかったのです。戦時中ではないので今なら作れたでしょう。しかし、資金がありませんでした。いざとなれば銀行から借りてでも出来たかもしれませんが、私には担保となる財産がありません。それに、何と言っても勇気がありませんでした。

この本を読んで、確かに私の教育に対する考え方が変わりました。それまではいわゆる〝お利口さん〟的な子を望んでいました。つまり、教師が「右」というと皆右を向き、教師が「左」と言うと左を向くそういう児童を望んでいたのです。でも、それは間違いであると言う事に小林先生は気づかせてくれました。小林先生の教育方針を短くまとめると〝どんな子でも生まれた時はいい性質を持っている。回りの大人はこれを早く見つけて伸ばしていき、個性のある人間にする〟と、いう事です。

それからの私は文部省の教育の中に小林先生の言う教育を出来るだけ取り入れて、子供の側から立った教育を心がけました。そして、児童に対しては〝優しさ7、厳しさ3〟の割合で臨みました。でも甘やかしはいけません。毅然とする時はします。

そうは心がけてもそれからも色々悩みましたが、学級崩壊《ほうかい》だけはした事はありませんでした。これは、教育実習の指導官が〝教育には優しさの他に厳しさもまた必要〟という事を教えてくれたからだと思います。

6校目

保護者と信頼関係を築くために……

1987年（昭和62年）4月

旭川へ来て第3校目の学校になりました。この学校も自宅からは比較的近いのですが、徒歩だと私の足で30分以上はかかりました。夏は自転車ですが、旭川の厳しい冬に歩くのはかなりきつかったです。私はここでも色々な失敗をして、〝落ちこぼれ先生〟ぶりを発揮しました。

○もみじのような手と握手

転勤してすぐ、久しぶりに1年生を担任しました。私は低学年が好きだったので嬉しかったです。出来れば、幼稚園教諭になりたかったのですが、免許がなかったのが残念です。

入学式の日、全員が揃うまで教室に入ってきた順番に一人ひとりの児童と私が握手をし、1対1でお話をする事にしました。小さい机に緊張してすわっている可愛らしい1年生のところまで行き、私も向かい合ってしゃがみ「今日から私が○○さん（君）の先生の片倉栄子です。どうぞよろしく……」と言って、まず、もみじのような可愛らしい手と握手をします。スキンシップで緊張を和らげてから「今日は誰と来たのかな？　学校へ来るのを楽しみにしていましたか」などと話し掛けます。これで子供たちが少しでも緊張を和らいでくれるかな？　と半信半疑でやっていたら、後であるお母さんから「入学式の日、子供の目線までしゃがんで握手をしながらお話してくれる先生を見て〝この先生なら、大丈夫だ〟と思いました」と聞き、私も自信がつきました。この時、私は必ず児童の座席表を持ち、私と握手をした子には印をつけてもれる子がいないように気をつけました。しかし、この次の学校（7校目）でも1年生を担任してこれと同じ事をした時、ひとりだけ握手をし忘れた子がいました。しばらくしてから、お母さんに言われて私はお母さんとその子に謝りました。そして「遅くなったけれど……」と言ってその子と改めて握手をしたのを覚えています。

○回転数を間違えた？

1年生の1学期の参観日に音楽の授業をしました。児童は初めて使うカスタネットで、お母さんたちには手拍子で〝チューリップ〟の歌のリズム打ちをしました。曲が少し速いかな？　と思いましたが、かまわずに2回も続けてやってしまいました。終わってから、レコードの回転数を良く見たら45回転のところを75回転で回していました（今から15～6年も前の事だったので、学校には今のようなＣＤもなくプレーヤーの時代でした）。その後の学級懇談会で保護者にその事を言って謝ると、あるお母さんから「曲が少し速いなと感じたけれど、先生のやっている事だから間違いないと思った」と言われた時には、冷や汗をかきました。

○「この先生、間違えてばかりいるから……」

やはり、1年生を担任していた2学期の事です。2学期の始業式の日に札幌からB子ちゃんが我がクラスに転入してきました。転入生には早く担任に慣れて欲しいので、座席はいつも一番前にすわらせます。

転入して1週間くらいたった書き方（硬筆）の時間でした。私が机間巡視をしながらB子ちゃんの側へ行くと、B子ちゃんは書いていたノートをさっと両腕で隠しました。私が「B子ちゃん、どうした？　間違えたかな？」と聞くと、B子ちゃんはかすかにうなずきました。私が「間違えたらね、そこに×をつけて隣に正しい字を書くといいよ」と言いました（そのころ、この学校では1年生にはまだ消しゴムは使わせていませんでした。1年生が消しゴムで字を力強く消すとノートを破る可能性があるからです。しかし、札幌から来たB子ちゃんはすでに消しゴムを使っていたのかもしれません。それなのに新しい担任から今度は消しゴムを使わないようにと言われて、間違ったらどうしていいか分からなくて、間違えた字を両手で隠す事になったのでしょう。もう少し付け加えておくと、これは後でお母さんから聞いた話ですが、札幌の担任はすごく厳しい先生で1年生が気軽に話しかけられなかったそうです。それに女教師で年ごろも私に似ていたそうです。だからなお、B子ちゃんは話せなかったのでしょう。お母さんは私の顔を見た時、また、年配の女の先生でがっかりしたという事でした)。

すると、すかさず隣にすわっていたD君が「B子ちゃん、心配するんでない。この先生、間違えてばかりいるから……」と言いました。これにはさすがの私もびっくりしました。まさか、小学1年生にこんな事を言われるとは思ってもいなかったからです。

参観日の懇談会でこの事を保護者に話すと、大笑いになりました。あるお母さんが「1年生でも先生の間違いが分かるのかしらねえ」と言うので、「普段の授業でも私が間違えたら『間違えた！』『間違えた！』と大きな声で言うからではないでしょうか」と言うと、「なるほど」という顔をしてそのお母さんはうなずいていました。「ところで皆さん、『この小学校には、1年生の勉強でも間違えてばかりの先生がいる』と教育委員会に言わないでくださいね」と私が付け加えると、一同また、爆笑しました。「風邪をひいて鼻水が出るから……」と言ってティッシュを箱ごと持って、仕事で来られないお母さんの代わりに来ていたおばあさんがいましたが、その方は涙を流してティッシュで拭きながら笑っていたのが印象的でした。

○「僕たち、何で描くの？」

これも1年生担任の時でした。1年生3クラス全員がバスに乗って旭山動物園に写生に行く事になりました（今の旭山動物園は有名ですから、いつもおすなおすなの大混雑ですが、このころの旭山動物園は閑散としていて、1年生でもゆっくりと動物を描く事が出来ました）。

我がクラスも全員バスに乗った事を確かめて、さあ出発と言う時になって、L君が「先生、僕たち、何で描くの？」と聞くではありませんか。〝今さら何を言っているんだろう、この子は〟と思いながら「そんな事決まっているでしょう？　クレヨンだよ」と答えると「僕たち、クレヨンなんか持っていないよ」と、L君はすかさず言いました。

あの時の私の慌《あわ》てようと言ったら、後で考えると自分でも可笑しいのだから、その場で見ていた大人ならもっと可笑しかったに違いありません。何しろ、子供たちにとっては小学校に入って初めての写生だったので、私は大きな画板を持たせる事ばかりに気を取られて、クレヨンの事など眼中になかったのです。画用紙は私が全員の児童の分を持っていました。

それからが大変でした。動作の遅い1年生をバスから降ろして教室まで取りにやっていたら、時間がかかり他のクラスに迷惑がかかるので、私が児童全員のクレヨンを教室まで取りに行く事にしました。「先生、僕のはね、鞄の中だから……」「私のは机の中」「僕はロッカー」何とみなそれぞれ別な場所に入っていたのです。〝こんな事なら、子供たちをバスから降ろして取りに行かせた方が早かった〟と思っても時すでに遅しです。予定より15分くらい遅くなってやっと出発しました。勿論、後で他のクラスの先生たち、そして、子供たちにも謝ったのは言うまでもありません。

次の日、L君に「先生、あの時、僕が気がついて良かったね」と言われ、「ああ、あの時は助かったよ。本当にありがとう」と言いましたが、私はあれ以来、L君には頭が上がらなくなったような気がします。

○1年生って可愛いな

1年生と言えば、入学式の日、私は「おばさん、このかばん何処へおくの？」と聞かれて少しびっくりしましたが、その子のお母さんは慌てて「先生でしょう」と、言いなおしていました。考えてみれば、今までの幼稚園、保育園の先生たちは20代の若い人が多かったので、そのころすでに40代になっていた私は子供たちから見たら立派なおばさんですから、そう呼ばれても仕方がないと思いました。

私のクラスにはいませんでしたが、1年生当初は10時ころになると「先生、テレビで漫画がはいっているよ。見よう」「おやつの時間はまあだ？」「お昼寝は？」などと聞く子もいたらしいです。1年生担任には6年生担任から降りてくる場合もあるので、そういう時の1学期は児童も先生もお互いに慣れるまでが大変です。6年生から降りてきた先生が言うには「1年生の話を聞いていると、初めはまるで宇宙人と話しているように感じた」そうです。1年生から6年生まで5歳の開きがあるのですから、そう思うのはもっともかもしれません。

入学して1週間くらいは、フリーの先生にも手伝ってもらって下校時は、帰る方面別に見送りをするのですが、送っていくにしたがって子供の数は少なくなります。ところが、最後まで、つまり学校まで送っていった教師の後をついてきた子がいました。自分の家が分からなくなったのです。そういう場合はすぐに保護者に電話をして学校まで迎えに来てもらいます。ところが、両親が働いているなどで家に誰もいなくしかも連絡がつかない事もよくあります。そういう時は仕方がないから、連絡がつくまで学校に迷子の子供を置いておく事になります。

○「いいぞ！　ねえちゃん！」

1年生の5月の初めに、警察の交通指導員のお姉さんたちが来て、実際に道路を歩いて交通指導をしてくれる〝青空教室〟と言うのがあります。外を実際に歩くし、担任と違って若いお姉さんたちが来てくれるので子どもたちは大喜びです。外へ行く前に、各教室に分かれて30分くらいお姉さんが忍者ハットリ君などの人形を使って、簡単な交通ルールを楽しく教えてくれます。その勉強が始まって間もなくお姉さんが「忍者ハットリくんがね……」と言った時、私の側にいたM君が大きい声で「いいぞ！　姉ちゃん！」と、言ってしまいました。

若いお姉さんだし、M君も調子に乗ってしまったのでしょう。しかし、これから交通量の多い道路での実地訓練が始まるのです。私はここでしめておかないと……と思い、指導員の前でM君を抱いてお尻を2～3回叩いていました。そして、「分かったかい？」と言うとM君はこっくりうなずいたので、そのまま何もなかったように授業を始めてもらいました。その事が効いたのか、M君は外では大人しく指導員のお姉さんの言う事を聞いていました。もっとも私は外を歩いている間中、M君につきっきりでしたが……。〝青空教室〟が終わってから、「先ほどはすみませんでしたね」と言って指導員に謝ると「いいえ、いいえ。でも、先生も大変ですね」と言ってくれました。私がM君のお尻を叩いた時、指導員の目は点になって何秒か停止していました。指導員はM君が言った「いいぞ！　姉ちゃん！」より、私のとった行動に対してびっくりしたらしいのです。あの時とった私の行動はあれで良かったかどうかは未《いま》だに分かりません。

その後、M君と私の人間関係を少し心配しましたが、それからすぐに春の遠足で公園に行った時、M君はベンチで休んでいる私の所へ来て私の大きな帽子と彼の小さな体育帽をすかさず取り替えてかぶり「片倉栄子だ～」と大きな声で叫びながら両手を広げて走っていきました。これを見て私は「この子との人間関係もこれなら大丈夫」と内心思ったものです。

○〝信頼関係〟を築くためには……

前任校にいたころから、教育には保護者との〝信頼関係〟が大切だと思い、そのためには具体的にどうしたら良いかをずうっと考えていました。子供には〝優しさ〟と〝厳しさ〟が必要な事は教育実習の時、すでに分かっていました。〝優しさ〟はやり易いのですが、〝厳しさ〟を保護者に理解してもらうにはどうしたら良いかで悩みました。そのためには〝信頼関係〟が必要な事が分かりました。必要だと思って児童を叱り、〝信頼関係〟がなかったばっかりに保護者との人間関係がこじれた場合を私はいくつも見てきましたし、私自身もそういう失敗をしてきました。じゃあ、どうしたら良いのでしょう。まず、自分ならどういう人を〝信頼〟するだろう？　という事から考えました。私には我が子はいませんが、自分が親だったらどういう教師を〝信頼〟するだろう？　と思う時、第一に子供の事を考える熱心な教師だと考えました。次に、私は自分の失敗を自分から言う教師を〝信頼〟したいのです。普通の人にはこれがなかなか出来ないと言われています。じゃあ、人が出来ない事を私がやってみようではありませんか。

ところが、この事を友人に言うと「相手を良く見ないで、誰にでも自分の失敗や悪い事を言うと、あなたを〝うすっぺらい、おっちょこちょいな人間〟としか見ない人もいるわよ」と、忠告してくれました。でも、私をそのようにしか見ない人ならお付き合いをこちらからお断りします。

○学級通信の名前

〝信頼関係〟を築くために、学級通信もこの学校へ来てからバンバン出しました。まず、初めに1年生を担任した時、通信のタイトルを児童と保護者から募集すると色々な名前が出てきました。そして、最終的にはその中から児童と担任が考えて〝チョメっこのなかま〟になりました。なぜ、こんなユニークな名前になったかというと、我が家にはポメラニアンの室内犬がいます。役所に届けてある名は〝ポメ〟と言いますが、幼少のころはとてもチョロチョロしていたので〝チョメ〟という愛称が付きました。私はその〝チョメ〟の話を学校でもよくしたので、子供たちにとっても身近な犬になってしまいました。すると、E君は家でお母さんに学級通信の名を「〝チョメが転んだ〟にしたらいい」と言ったそうです。しかし、お母さんは「それではちょっと変だから……」と言う事で、二人で考えて〝チョメっこのなかま〟と名づけ、それが子供たちに採用された訳です。それにつけても、1年生でも面白い名前を付けるものだと感心しました。

私は学級通信の名前は低学年では児童と保護者に考えてもらいます。しかし、高学年になると児童に任せます。なぜ、担任の独断で決めないのかと言うと、前任校で5年生を担任した時の事です。学級通信名を決める時、児童に任せました。すると、〝挑戦〟になりました。名づけたU君にその理由を聞くと「何にでも挑戦するクラスになってほしいから……」という事でした。学級通信が自分が出した名前に決まった時、U君はとても嬉しそうでしたし、それからのU君の学校生活も意欲的になったのも覚えています。そういう訳で、私は学級通信名を担任ひとりでは決めなくなりました。

○スキーで骨折

3年生を担任している時でした。「冬休みにニセコで教員対象のスキーの講習会があるんだけれど、参加しないかい？」と同僚に誘われましたが、私は「スキーも下手だから、一緒に行った人たちに迷惑をかける」という理由で断りました。すると「そういう下手な人のためにあるんだよ」と強く誘われて10人くらいで行く事にしました。2泊3日の予定でしたが、私は2日目に右足の膝《ひざ》を骨折してしまいました。

それで、他の人たちよりも一日早く、女性のA先生につきそってもらってJRで帰ってきました。そして、すぐに我が家から近い整形外科へ行きました。

冬休み中に用事があったのでハイヤーで学校に行き、スキーに行かなかった同僚に話すと「本州の蔵王へ行って骨折して飛行機で帰ってきた人もいるんだから、片倉さんなんかまだ良い方だ」と言っていました。

3学期になってからは通勤する時は、私は車の運転が出来ないので、同じ学年のB先生が私の家まで送り迎えしてくれました。また、職員会議の時に集合が私だけ遅くなると、始めるのを待っていてくれました。松葉杖をつきながらのっこらのっこら自分の席へつこうとすると「片倉先生がすわったら、会議を始めます」と、司会の先生が言ってくれました。

○「先生、僕がインストラクターになるよ」

3学期始業式の朝、B先生の車から松葉杖をつきながらひょこたん、ひょこたんと歩いている私をいち早く見つけた我がクラスのA君が、「先生、どうしたの？　その足」と聞きます。スキーで骨折した事を言うと「先生もドジだからなあ」と、言われてしまいました。

授業ではスキー教室が一番困りました。私はこのシーズンのスキーは出来ないので、2

回行われる予定の山でのスキー教室はスキーが堪能《たんのう》なC先生にお願いしました。

スキーが下手な私に習うよりC先生に習った方が子供たちもさぞかし上手になるだろうと私は思っていました。ところが、1回目の山のスキー教室から帰ってきたA君が私の顔を見るなり「先生、2回目は片倉先生が山へ行って」と言うのです。私が「どうして？」と尋ねると「C先生は確かにスキーは上手だけれど、片倉先生とはどこか違う」と言います。どういう事か詳しく聞いてみると、どうやらC先生は児童をあまりほめないようです。代わりにやってもらってこんな事を言うのはC先生には悪いのですが……。

私はこの学年を1年生の時から教えています。3年生でクラス編成をしていますが、この時担任している三分の一の児童は1年生からずっと教えています。その中にA君もいましたから、私のスキーの教え方は良く知っています。私はスキーが下手なので出来ない子の気持ちが良く分かるから、下手でも一生懸命やっていたらとにかくほめます。ところが、C先生は、上手な子への技術指導が中心になるようです。A君はC先生の指導に慣れていないから、「どこか違う」と思うのでしょう。

A君が、「片倉先生も山へ行って」と言うので「先生はこんな足だからスキーをはいて山へなんか行けないでしょう？」と言うと「先生は長靴をはいて付いてくるだけでいい。僕がインストラクターになって、みんなの先になって滑るから、先生はそれを見ていてほめていればいい」と言います。

ちなみに、A君はジュニアスキー1級の腕前でした。

このA君の言葉を聞いて、今の日本の教育はなにか間違えているのではないか？　と思いました。勿論、学校は小、中、高、大と教科の勉強を教える事も大事ですが、それよりももっと大事な事を忘れているのではないでしょうか。それは〝心理学〟です。教育でも〝信頼関係〟が一番大事ですが、それを達成するためには日本の文部科学省は教師たちにもっと〝心理学〟を勉強させるように通達を出すべきでしょう。すると、今、日本の教育界を困らせている〝学級崩壊〟〝不登校〟その他諸々の問題もかなり減るのではないかと思います。

○担任のおにぎり

ビニールの袋をつけた給食調理員が各クラスに来て給食の残ったごはんでおにぎりを作るという学校も今ではあると、いつかのテレビで紹介されていましたが、実は私も今から15～6年前にこの学校でおにぎり作りをやりました。

子供たちは週に5回給食を食べるのですが、そのうちの2〜3回は米飯給食でした。ところが、そのご飯を残すのです。時には半分くらい残る事もありました。これは何とかしなければならないと思い、私が残ったご飯でおにぎりを作る事にしました。ビニールの手袋をするなんて、私の眼中にはなかったのでとにかく私の手を綺麗《きれい》に洗って素手で作ってあげました。初めは塩もつけていなかったのですが、それでもおにぎりにすると不思議にご飯が残らなくなりました。そのうちに子供の発案で家から塩やのりを持ってきて、私はおにぎり作りにせっせと精を出しました。テレビで放映されたように給食調理員が作るのもいいのですが、担任がおにぎりを作る所に、児童にとっては意味があるようです。今、担任が手袋もしないでおにぎりを作ったら、やれ、O—157だとかノロ・ウイルスだとかで問題になる事でしょう。味も素っ気もない学校教育になりました。

○女現場監督

私は学芸会が好きです。このころは1学年で1つの総合劇（音楽も踊りも劇もあるのです）をするのが流行《はや》っていました。女教師はどちらかと言うと音楽や踊りをまかされる事が多いのですが、私は劇そのものを指導するのが好きでした。劇は声が命ですから、やるからにはたとえ1年生でも体育館の後ろまで聞こえるような大きな声を出すように指導しました。その指導方法というと、嫁入り前の娘にはさせたくないやり方です。台詞を覚えるまでは教室でやりますが、覚えたらすぐ体育館の舞台に行きます。私は体育館の一番後ろにいて笛を吹き、時には棒で机を叩きながら「聞こえない！」と叫びます。4年生を担任していた時、私のその姿を見て児童は「これじゃあ、まるでバナナの叩き売りだね」と言っていました。体育館での練習の時は机係がいて体育館の近くの教室の空いている机を運んでくるのです。

笛を胸に下げ、棒を持って「学芸会の練習をしてきます」と言って職員室を出ようとすると、側にいた教頭が「それじゃあ、まるで女現場監督だな」と、笑っていました。読者の皆さんに誤解のないように特記しておきますが、棒を持ってもそれで子供を叩く事は39年間の教員生活で1度もありませんでしたので、ご心配なく……（お尻は素手で叩きましたが、私も児童に叩かれました）。

その代わり、私の指導する劇は1年生でも「6年生よりも声が大きい」と言われました（6年生になると恥ずかしがってなかなか声を出さなくなるのです）。

○豆腐が、こんにゃくでもあげにでもなる？

児童には私の子供のころの事をよく話しましたが、保護者にも参観日の懇談会で話しました。ある懇談会で「私は小学生のころ成績はともかくとして、通知箋にはいつも〝几帳面で大人しい〟と書かれていました」と言うと、そこにいた保護者一同は「え〜」と言う顔をしていました。声は大きいし、行動はバリバリしていて、教室の教師の机の上は何時《いっ》も散乱しているのに、〝几帳面で大人しい〟とは保護者の皆さんが信じられないのはもっともです。そこで、私は「皆さん、人間と言うのは小さい時は豆腐でも大きくなるとこんにゃくにでもあげにでもなるのですよ」と言うと、そこにいた保護者は大笑いしていました。

○〝さよ〜なら、さよな〜ら〟

この学年を４年間も担任した事もあってお別れ会は親子で盛大にやりました。演歌が好きという担任の希望もあって、最後に親子で都はるみさんの〝好きになった人〟を二人一組で踊りました。男子は初めは恥ずかしがっていましたが、最後の方になると皆楽しそうに踊っていたので企画した私もホッとしました。

○担任が1年生を背負い、4年生になると担任がおぶってもらう？

私は1年生を担任するとスキンシップも兼ねて必ずクラス全員の子をおんぶします。40歳代までは入学式の次の日に一度に全員の子をおぶりましたが、50歳代になると寄る年波には勝てず、二日に分けて半分ずつおぶりました。担任がひとりを背負うと他の子は皆で「1、2、3、……」と10まで数えて次の人と交代です。前任校の時、双子の女の子がいました。二人とも太り気味でしたが、姉のY子ちゃんをおぶろうとしたら妹のT子ちゃんにすかさず「先生、Y子ちゃんね、20キロあるから落とさないでね」と言われました。入学式の次の日になぜおぶるかというと、1日でも遅くなると成長期の子供ですから太るのです。後で、お母さんから聞いた話では、この〝担任のおんぶ〟が児童の心に残るようで、大きくなってからも思い出していたそうです。

さて、4年生の3学期にもなると児童も私とあまり変わらない大きい子も出てきます。体育館で休み時間に遊んでいると、ふざけて身体の大きい子が「先生をおぶれるかなあ？」と言ったので、おぶってもらいました。すると、100歩程歩きました。それを見ていた子供たちが「ぼくも」「わたしも」となって6～7人がおぶってくれましたが、中には「先生をおぶったら、ズボン脱げてきた！」と言う子もいて大笑いしました。私をおぶって体育館のはしからはしまで歩いた子がこの時の最高記録でした。

○「先生に変な歌、教えられないね」

私は歌が好きなので、児童から教えてもらった当時はやっていたドリフターズの歌を歌いながら、児童と一緒に掃除をしていました。すると、後ろの方でしゃがみながらごみをちりとりで取っていたW子ちゃんとZ子ちゃんが小さい声で「先生に変な歌、教えられないね」「うん」と言うのが聞こえました。その二人は担任には聞こえないと思ったのでしょうが、残念ながらその時はしっかり聞こえていました（今は左の耳の聞こえが悪くなりましたが……）。勿論、その時、私は知らん顔して掃除を続けていました。

○テレビの裏に隠した朝のドリル

2年生の2学期に教育実習生が我がクラスに来ました。おばさん先生にあきあきしていた子供たちは、若いお姉さんみたいな実習生に大喜びです。

ところが、担任の方は実習生の指導案作りその他で打ち合わせがたくさんあり、大忙しです。そんな訳で授業でやるテストは出来るだけ早く返すようにはしていたのですが、朝のドリルの丸つけまでは手が回らなくて、実習生がいなくなってからやろうと、テレビの陰に隠していました。

すると、掃除をしていたE子ちゃんが「先生、テレビの陰もきれいにしておくね」と言ってくれたので、その陰に朝のドリルを隠していたのをすっかり忘れて「ありがとう。お願いね」と言っていました。ところがまもなくして「あ～ら、先生、こんなところに朝のドリルの丸つけをしていないのがあるよ。これ、大分前の教生先生が来る大分前のだね」のE子ちゃんの声に私も慌《あわ》てました。

○児童に舐《な》められたらあかんでえ～

悪い言葉ですが、児童に舐められたらいけません。2年生担任の時、隣のクラスのR先生が研究会で2日間学級を空ける事になりました。2年生は3クラスあったので、もうひとりのH先生と私の二人で3クラスの体育をする事になりました。なわとびをするのですが、H先生が体育館のステージに上がって全体指導をし、私が補助指導をするのです。ところが、R先生のクラスのA子ちゃんがどうしても教室から出てきません。気むずかしい子だと言う事はR先生から聞いていましたが、やさしくなだめてもすかしてもがんとして教室から出ようとしません。その理由もふるっています。「縄跳びが嫌いだから……」だそうです。それを聞いて私も頭にきました。それで私の奥の手を使いました。棒でA子ちゃんの机以外の机をばんばん叩きまくり、大きな乱暴な言葉で叱りました。この時、勿論、私はA子ちゃんに指1本触っていません。

するど、さっきまでだらっとした態度だったA子ちゃんがピッとしました。そして、私の言う事を聞いてなわとびを持って体育館まで行ったではありませんか。きちんとではありませんが、まあなんとかH先生に従ってなわとびをやったので終わってから私はA子ちゃんをほめてやりました。児童として当たり前の事をしたのだからほめなくてもよいと思う人もいるかもしれませんが、私はそうは思いません。叱った後、べつに機嫌取りをした訳ではありませんが、教師の言う事を聞いたのでほめたのです。この、叱った後のフォローが大事だと思うのです。R先生が帰ってきてから、その事を一部始終話してから「もし、保護者から文句がきたら私に言ってください」と言うと「A子は親には言わないわ。下手に言ったら『お前が悪い』と言って逆に叱られるから……」と言う事でした。

子供に舐められたら終わりです。

私は後で、A子ちゃんは家でお母さんがきびしいから、学校でその反動が出て、我がままになるのではないかと思いました。子どもはどちらかで息ぬきしないと、正常には生育しないものです。

○家庭訪問するのを忘れた？

1年生の時、3軒固まって建っていた家があったのでまとめて家庭訪問をしました。「私の家庭訪問は長引くのが特徴ですが、6時になっても来なかったら学校の方へ電話を下さい」と保護者には伝えていました。その日の家庭訪問も終わって自宅でやれやれと思っていると7時ごろ電話が来ました。その3軒の1軒からでした。「先生がまだ来ないのですが、今日は来るのでしょうか」と言われ、びっくりしました。そうです。忘れていたのです。その時ばかりは平謝りに謝り、何時行ったらよいか聞くと共働きなので土曜日の夕方と言う事で、そのようにしました。全面的にこちらが悪かったので仕方がありません。

○カスタネットから笛そして棒へ

1年生を担任していた時、授業中児童を集中させるためにカスタネットを使いました。ところが、2～3年生になるとだんだん慣れてきてそのカスタネットも効果がなくなったので笛になり、しまいには棒で教師用机を叩くようになりました。私は参観日も普通の授業と同じ教師や児童の姿を見せたいので、棒で教師用の机を叩いていたら、授業が終わってから保護者に「先生、あのう、ちょっと」と呼ばれ「いくら先生の机でも棒で叩くのは止めていただきたい」と言われた時は素直にすぐに止めました。自分でもやり過ぎかな？　と思ったからです。

私は棒で児童を叩く事は決してしないのですが、授業中棒を持って歩くのが癖《くせ》でした。授業中黒板を指す時など、棒を持っていると何かと便利なのです。

旭川へ来たばかりの時、３年生の学級委員長が棒を自分の身体の前で左右に振り回しながら歩いているではありませんか。「U君、どうして棒を振り回して歩くんだろうねえ」と、O君に言うと「先生のまねをしているんだよ」と言われてびっくりしました。「先生、あんなふうにして棒を振り回している？」と聞くと「うん、そうだよ」には私もがっくりしました。その時はすぐ、棒を使うのを止めたのですが、又、何時《いつ》の間にやら使っていました。困ったものです。

○教育実習生に聞かれて……

教育実習生が私がテストの丸つけで点数の他に全ての子に一言コメントを書いているのを見て「先生、もし0点の子がいたら何と書くのですか」と聞いたので「その時は〝名前が書いてあってよろしい〟と書くのです」と答えると、なるほど……という顔をしていました。

今度は図画です。ピカソのような絵があって「これ、なんてコメントを書いたら良いか分かりません」と言うので、「そうですねえ、〝色々な色を使っていてよろしい〟かな？」と答えると、実習生はこれまたなるほど……という顔をしていました。私も絵が下手だったので、下手な子の気持ちが良く分かるのです。

教育実習生を、1年生の児童は「教生先生」と言えなくて、「教頭先生」と言っている子がいました。その事を教頭に言うと、「おい、おい」と言って、苦笑いをしていました。

○見守る教育

この学校で初めての1年生を担任した3学期の体育の時間です。「雪の上でサッカーをやりたい」と子供たちが言うのでする事にしました。

私はサッカーについてはあまり詳しくはないので、それに詳しい男子に任《まか》せる事にしました。私は口は出しませんが、目は離しません。児童と共に外に出ていて見守るのです。リーダー的な男子二人に任せると、二つにチームを分ける事から始まって20分もたってからやっと試合が始まりました。

ところが、チーム分けが上手でなかったため大差で勝負が決まってしまいました。よほど、私が出てグループ分けをしようかと思いましたが、ぐっと我慢をして見守っていました。すると、負けた方から文句が出て2度目のチーム分けをして試合をしてもまた、大差が出ました。私は「先生、チーム分けしてえ～」と言ってくるかと思っていたら、彼らもやります。もう一度グループ分けをして、3度目の試合を始めました。そして、やっと大差なく彼らにとって納得のいく勝負になった時、「やったあ」と言う歓声が上がりました。

私は「3回も自分たちでチーム分けをして、皆良く頑張ったねえ」と、うんとほめてやり教室へ行ってから黒板一杯に大きな花丸を描き、それに旗を2つつけてやりました。児童は万歳をして喜びました。

この間、1時間だけでは間に合わずに2時間も使ってしまいましたが、これからはこういう〝見守る教育〟が必要ではないでしょうか。この教育を実践すると児童の〝自主性〟

は確実に育つと思います。しかし、それには〝時間〟と教師の〝忍耐〟がいるでしょう。今の日本の教育にそれを望む事は無理なのでしょうか。良い事が分かっていながら出来ないのは、本当に残念です。

○牛乳事件

これも1年生を担任していた時です。人間には自分の都合の悪い事は忘れると言う習性があるので、何が原因だったかは忘れてしまいましたが、多分、私が悪かったのだと思っています。

当時、給食の牛乳は三角パックに入っていたのですが、私はそれを児童の前で床に叩《たた》きつけてしまいました。当然、三角パックは壊《こわ》れて牛乳が散乱しました。すると、前の方にいた2~3人の児童が小さな手で、自分の机の下に掛けてあった雑巾でそっと拭いているではありませんか。それを見て私は黒板の方を見て泣きました。数分たってから、我に戻り自分の取った行動を児童に謝りました。幸い、児童は許してくれましたが、こんな行動を取った自分がこの時ほど嫌になった事はありません。あれがパックではなく瓶だったら、きっとしなかったと思います。児童には怪我はありませんでした。

その事を後で参観日の懇談会の時、保護者に報告して謝りました。〝自分の悪い事は自分から言う〟それが保護者との〝信頼関係〟を築く私のモットーだったからです。それから、10年ほどたって我が家の近くのスーパーでその当時の児童のお母さんに会いました。丁度、牛乳の売り場の近くだったので、話の中で10年も前になる〝牛乳事件〟になりました。スーパーでお母さんに会う2～3日前にJ子ちゃんが思い出したように〝牛乳事件〟の事をお母さんに話したそうです。すると、お母さんが「知っていたよ」と言ったので、J子ちゃんはびっくりしました。まさか、担任が自分の失敗を保護者の懇談会で話すとは思わなかったからです。

○学級通信

この学校へ来て2回目の1年生を担任する事になりました。この時は〝おたまじゃくし〟と言う学級通信を90号まで出していました。1年生の場合はどこの学校でも担任と保護者間に〝連絡帳〟を作って連絡を密にするのですが、私の場合は〝連絡帳〟をただの連絡のみには使いませんでした。私も出来るだけ児童の連絡帳に、学校での特に良かった事を中心にして書くようにしました。すると、保護者も家庭での児童の様子を良く書いてきてくれました。そして、学校での良かった事を家で保護者がほめ、家での良かった事を担任が学校でほめてやるようにしました。それが児童にとっては大変励みになったようです。保護者も我が子のみでなく、他の子の家庭での様子を知りたいだろうと思い、私は匿名でそれらの文も〝おたまじゃくし〟に出来るだけのせるようにしました。それで、90号までになってしまったのですが、その内容を次にのせてみたいと思います。なお、この本にのせるに当たり、のせた文についてはご本人の了解を得ております。

【学級通信〝おたまじゃくし〟】より

○〝連絡帳〟（お母さんより）

・5月7日（遠足の前日）夜8時に明日の準備を整えて布団に入ろうとしたら、「そうだ、忘れていた。てるてる坊主を作らなくちゃあ」と言いながら、何やら黙々と机に向かっていました。すると、2つのてるてる坊主を持ってきて「お母さん、糸つけて。縫うから……」と言われ、一緒に針仕事をする羽目になりました。そして、ティッシュで作った可愛いてるてる坊主が出来上がりました。

母「W、てるてる坊主がどうして2つあるの？」

W「あのねえ、明日が1つでしょう？　2つあれば明日の明日も晴れるよね」〈1年生らしい可愛い発想ですね。担任より〉

雨の日で5月2日の遠足がつぶれたのが、よほど悔しかったのでしょうね。

そのてるてる坊主を物干し竿にかけて寝ました。さて、5月8日（遠足当日）帰ってきてから楽しかった様子を沢山話してくれました。目的地の公園までの道順を教えてくれるのです。「セブン・イレブンがあって、そこをこっちに曲がって（指で示します）旭川ラーメンがあって……」と、本人は延々と話すのです。「1組と違う道を行ったんだよ。J君は18番で男の子が一人余るから、先生と手をつないで一番先頭を歩いたんだ。WはY子ちゃんとおててつないでいったんだよ」と言う具合です。聞いている私も、もう、一緒に遠足に行った気分になってしまいました。

・5月14日〝おたまじゃくし〟を読むと、どこのお母さんも同じ事を考えているんだなあと安心しました。勉強の予習、復習も気になっていましたが、今のところ何もせずにいました。家へ帰ってくると遊ぶ事に夢中で、次の日の道具を揃える事で精一杯なのです。でも、1年生も始まったばかりなので、まだこのままでもいいのかな？　とも思ったりしていました。〝連絡帳〟も保育園の1歳から毎日書いていて、もう厚いノート6冊になっていました。1歳で登園した時、1週間便秘になった事もあり、今は懐かしく読んだりしています。

運動会の練習で〝走ること〟もU子にとっては課題になり、昨日の朝、「学校へ行きたくない」と言って泣いていました。理由は「一番遅いから……」という事でした。「遅くても何も心配ないよ。一生懸命走ればいいんだよ」と言うと、納得して学校へ行きました。でも、この事が原因で登校拒否になったら……と、親の方が一寸心配になりました。〈この文を読んでからこのU子ちゃんに「先生もね、足がとても遅くてかけっこでは何時《いつ》もビリだったよ」とそっと言うとニコっとしていました。担任より〉

・5月16日　庭にチューリップが咲いているのを見てC子が「先生に持っていきたい」と言いました。つぼみだったのが少し不満なようでしたが、「お花の持ち方、下に向けた方がいい？　それとも上に向けた方がいい？」とか言って満足そうな顔をして学校へ行きました。少し前までは〝思いでのアルバム〟を歌い、幼稚園を思い出して涙していたC子ですが、最近では「学校がだんだん楽しくなってきたよ」と言って張り切って学校へ行くようになりました。〈ありがとうございました。早速、C子ちゃんが持ってきてくれ

たお花を瓶にさすと、満足したような顔をしていました。担任より〉

・5月21日〝おたまじゃくし〟を見た時、〝尻ペン〟の事が書いてありましたね。うちのFに「されたことある？」と聞くと「ある」と言っていました。家でも調子にのりすぎたりすると叱られますし、あまり生意気な事を言ったりすると、私はFの口を叩いたりもしていいます。夜は8時半には寝る支度をするので、ふざけのテレビはあまり見ていないのですが、元来持っている性格もあると思います。

・5月23日　今日の帰り道に1本の菜の花を私に取ってきてくれました。でも、腕も足も真っ黒になってと言うか、いや真っ白になって帰ってきました。〈運動会の総練習で、児童は地面にすわって見ていたので、どの子も土いじりなどして真っ黒と言うより砂埃《ぼこり》で真っ白になっていました。担任より〉いつもなら「こんなに汚してどうしたの？」と聞くところですが、「お花をママに？　あらあ、うれしいわ。どうもありがとう」と言うことが出来ました。〈えらい！　この調子、この調子。担任より〉「徒競走、どうだった？」と聞くと「うん、M子ね、一生懸命頑張ったんだけれど、皆抜かしていくの。だから、ビリだったんだ」には、私も落ち込んでしまいました。でも、すぐに悪い事を聞いたかな？　と思ったので「ビリで残念だったね。でも、一生懸命がんばればいいんだよ」と言うと、M子はにっこり笑顔になりました。ほんとに走るのが遅くてうちの子は……と思いつつ、仕方がないか父親似かしら？　と私の方がしょげてしまいました。〈顔で笑って心で泣いて……というところですか。でも、私も足が遅かったので遅い子の気持ちが良くわかるのですが、たとえビリでも決して叱らないで下さい。運動会当日足が遅かったら、リズムや行進の歩き方などで良い所を探して何か1つは必ずほめてくださいね。親のそのほめ言葉の一言が子供にどれだけやる気を起こさせるか知れません。不得手な事を叱っても、その子にとって良い事はなに一つありません。担任より〉

・5月30日　お忙しい中、学級通信を出していただきいつもうれしく思っております。他のお子さんの様子もわかり「あっ、家の子と同じだ」と思う所もあり、親としてはホッとしております。皆さん、純粋な気持ちで書かれていていいですね。

・6月3日　土曜日にA子の友達が遊びにきた時の話なんですが、私が「S子ちゃん、運動会で何等になったの？」と聞いたんです。すると「S子、〝ダート〟の所で並んでいたよ」と、言うんです。私は〝ダート〟って何かな？　と思っていたら〝等外〟って書いてある漢字だったたんですね。子供って本当に面白いですね。ちなみに、我が子のA子もS子ちゃんと同じ〝ダート〟の所に並んでいました。〈私が思うにはこの〝ダート〟とは等外の〝外〟を左右に分けて、カタカナで読んだのではないでしょうか。つまり、〝タとト〟それを伸ばして〝タート〟になったんではないかと私は考えたのですが……なぜ〝タート〟になったのか、S子ちゃんに聞いてみる価値があると思います。担任より〉

・6月4日　私もパートに出て1ヶ月が過ぎ、やっと、生活のペースもつかめてきましたが、始めは疲れて食事の支度をするのもやっとでした。だから、子供の話を聞く余裕もありませんでした。最近、やっと慣れてきて子供の学校での事や、友達の事などを色々聞いています。〝おたまじゃくし〟を読ませていただくと、他のお母さん方の我が子に対する思いやりや思慮《しりょ》深さに感心し、また我が身を反省しています。

・6月7日　先生、いつもお世話になりありがとうございます。本当に忙しい中、学級通信を沢山出していただき感心しています。色々とクラスの皆さんの様子がわかり、とても良い事だと思います。先生は大変でしょうけれど、ぜひ、続けて欲しいと思います。家の子は、虫類とか動物が異常な位、大好きなんです。何でも飼いたがって困る位です。№6の〝おたまじゃくし〟にのっていたのですが、先生が愛犬〝チョメ〟の写真をクラスの皆に見せてくれたそうですね。我が子に「どんな犬だったの？」と聞くと「え～見ていない」と言う事です。「丁度、その日、僕は風邪で熱を出して休んだ日だった。見たい」とがっかりして「見たかった、見たかった」とうるさい位でした。「教室にカブト虫が来た」「今日は金魚が来た」とか嬉しそうに話してくれます。また、学校へ行く楽しみが増えて良かったと思っています。〈上記を読んでから、すぐにチョメの写真を見せてあげると、L君、満足したような顔をしていました。担任より〉

・6月8日〝おたまじゃくし〟の中での〝ダート〟の事、可笑しくて可愛くて笑ってしまいました。子供の発想は大人では考え付かない事が多いものですね。〝おたまじゃくし〟を久しぶりにNo.1からゆっくり読み返してみました。子供の成長がわかりますね。今日、保育園時代からのお友達で3組のE子ちゃんが遊びに来たので二人の会話を聞いてみました。

「その子、血を出したんだよ。すっごく泣いていたんだから……」「う〜ん」

「次の日、休んだんだよ」「痛かったんだね」

「E子ちゃん、今日、片倉先生に一杯ほめられたね。『Eさん、うまい!』って」

「うん、〝シャン、シャン星音頭〟を踊ってほめられたの」（とってもうれしそうな顔をして、得意げに言っていました）

「嬉しかった?」「うん」

二人とも成長したなあと感じました。E子ちゃんはとっても気持ちの優しい思いやりのある子です。F子の大好きなお友達の一人です。これからも仲良くしていって欲しいです。F子は片倉先生の真似をして家族に良く聞かせてくれます。教室の中の雰囲気が目に浮かびます。例えば「FとZはまっすぐ手をあげていていい！」「Bは声が大きくていい！」というふうにです。〈1年生って本当に素直に自分の気持ちを言えていいですね。大人（特に私）も見習わなくっちゃあ。担任より〉

・6月12日　月曜日に学校から帰ってきて「G子ねえ、今日、4回も発表したんだよ」と、私に報告してくれました。が、私は一瞬耳を疑ってしまいました。参観日に行っても我が子が手をあげたのを1回も見ませんでしたし、G子からも聞いた事がなかったからです。「どうして手をあげないの？」と1回目の参観日の時に聞いたら「当てられたら困るから、手をあげないんだ」と、言っていたG子が手をあげるなんて……私も本当にうれしくなりました。そして、うんとほめてあげました。それから、「先生、何て言っていたの？」と、聞くと「『皆が手をあげない時にあげたらすごく偉いんだよ』と、言ったのでG子がんばったんだ」と言う事です。それを聞いて、先生の言葉はG子にとって凄《すご》く勇気付けられるんだなあと感じました。〈やっぱり、1年生って素直ですね。たとえ、いく

ら教師に言われても大人はこういきませんよ。1年生担任になって良かったあ。G子ちゃんありがとう。担任より〉

・6月15日　授業参観を終えて思う事は、片倉先生の授業がとても楽しくて、特に大きな声でお話されるのがいいですね。〈声が大きいと言う事だけが取り得の私です。ちなみに、この学校の教師で男性ではG教師、女性では私が一番大きいと言われています。ハイ。担任より〉それに、黒板にはられた絵が上手で、感心しました。まめに良く描きますね。〈私の絵がほめられたのは初めてです。私が小学1年生の時、我が家を描いてその隣に洗濯物が干されている所を描きました。私の亡き母が洗濯好きでしたから、天気の良い日はいつも外に洗濯物がかかっていました。ところが、その洗濯物を今思えば、こいのぼりのように竿《さお》に縦に描いてしまったんですね。すると、担任の先生曰く「こんな洗濯物の干し方はありません」私はこの女の先生が大好きでしたが、この時だけは嫌いになりました。この先生も心理学を勉強していて「あなたは洗濯物がこのようにかかっていると思ったのね。他の人には思いつかない面白い干し方ですね」とでも言ってくれていたら、それからの私は絵が大嫌いにはならなかったかもしれません。従って、絵には〈絵にもかかな?〉コンプレックスをもっていますので、お母さんにほめていただくとやはり嬉しいですね。今の5年生が1年生の時、黒板に即席でチョークで犬を描くと「先生、それ、豚かい？」と、児童に言われてしまいました。それから、何も見ないで即席で絵を描く事はやめました。今回お母さんがほめてくださった絵は、前日、家で教科書を見ながら描いたのです。絵を描くのが不得手のお子さんをお持ちのお母さん、お子さんがどんな絵を描いても私は決して叱りませんので、どうぞ、ご安心ください。私のクラスから私のような〝絵を描くのが嫌いな子〟を出したくないのです。担任より〉

私は小学校のころに一度女の先生に担任された事があるのですが、いつもまゆとまゆの間にしわを寄せていらいらしていました。あまり、感じの良いものではありません。何か話そうとしても、つい、先生の顔色を伺《うかが》っていたのです。この事を思い出し、私もみけんにしわが寄らないように気をつけなくては……と考えています。〈女の先生ってどうもあまり評判が良くないようですね。特に私くらいの年齢の女教師が、お母さん方に嫌われやすいのではないでしょうか。家庭訪問に行っても「入学式に担任が女の先生と分かって〝ドキッ〟としました」と、正直に打ち明けてくださった方がいらっしゃいました。私はこの汚名を返上するように頑張ります。担任より〉

【学級通信〝おたまじゃくし〟】より

○学年行事　親子ミニ運動会終わる（担任より）

少し肌寒く、空模様を気にしながらの〝親子ミニ運動会〟でしたが、6月29日に予定通り無事終える事が出来ました。我がクラスでお家の人がこれなかった子はひとりでしたが、担任と一緒に楽しく競技をしました。

我が子をおぶっての〝パン食い競争〟では身体の大きい子のお母さん、顔をしかめながら「ああ、重いわあ」の言葉に、すかさず私が「J君のお母さん、J君に1週間くらい、絶食させると良かったのに」と言い、笑いました。他のクラスの私の知っているお母さんはおぶさっている子供のパンに食いつくのが早い事、早い事。「Y子ちゃんのお母さん、Y子ちゃんにここ1週間〝パン食い競争の練習〟と称して、パンばかり食べさせていたんじゃないの？」と、ここでまた、意地悪婆さんぶりを発揮していた私でした。だから、おばさん先生は嫌われるんだワイと自分でも思っていました。

それにしても、PTA役員さんのパンの付け方が上手でした。ああいうふうにパンを付けるとパッパッといくんですねえ。私はPTA行事で〝パン食い競争〟を何回も経験しましたが、あんなにスムーズにいったのは初めてです。今度やる時は、絶対にあのやり方を役員さんたちに教える事にします。横の長いのを紐《ひも》にしないで竹にしたのもグッド・アイデアでした。紐にするとどうしてもたるむので絡《から》まるんですよね。私は退職するまで後10回くらい〝パン食い競争〟をするつもりでいますから……、〝パン食い競争〟だけ強烈に私の心に残っていて、後はあんまり印象に残っていないと言う事は、私はいかに食いしん坊か……と言う事でしょうか。いやあ、ＰＴＡ行事は勝ち負けは問題ではないですよ。楽しければいいんですよ、楽しければ……。役員の皆様を初めとして、参加してくださったお父さん、お母さん本当にご苦労様でした。

○〝連絡帳〟（保護者より）

・７月８日　今日、テストを持ってきて見せてくれました。社会の②で給食のおばさんの顔が描いてあって「給食のおばさんはどんな事をお願いしていますか。次に書いてみましょう」と言う問いに対して、我が息子の答は「こどもがほしい」と書いてありました。先生もテスト用紙に書かれていたように私もいったいどういう意味なのか聞きましたところ「あのねえ、給食のおばさんはお腹が大きいんだよ。だから、きっと、赤ちゃんが早くほしいんだよ」と、言いました。私はびっくりして、そうかこの学校にもお腹の大きい給食のおばさんがいるんだなと思い、もう一度息子に聞き返したら、やはり、お腹の大きい人がいると言う事でした。やっと、〝給食を作る人の願い〟の意味がわかりました。テストの答にはなっていなかったかもしれませんが、主人と私は息子の書いた答が子供らしくてとてもほほえましく思いました。〈右記を担任も微笑ましく読ませていただきました。1年生って本当にいろいろな事を考えているのですね。でも、残念ながら給食のおばさんはおめでたではありませんでした。念のためお知らせしておきます。担任より〉

○〝教室寸描〟（担任より）

子供たちはもうこんなに変わりました。

お子さんたちが入学してから早、1ヶ月たとうとしていますが、お子さんたちは1日1日と毎日のように変わっています。入学式の5日と次の日の6日とでも180度変わった男の子もいるようです。お母さんのお話では入学式の日は緊張してコチコチだったのに、次の日はもう「学校大好き！」と言う事でニコニコして張り切って学校へ来たそうです。

また、内気な女の子の中には私が家庭訪問をした後、担任に近親感を持ったのか、お家の事も話せるようになった子もいます。〃連絡帳〃に良い事を書いてあげると、それから、担任に対する態度が良い方にガラッと変わった女の子もいます。いずれにしても、ほめてあげると子供は大きく良い方に変化するようです。

・4月30日の朝の教室

Z子ちゃん、学校へ来るなり「先生、2回のお休み、どっかへ行ってきたあ？　私はね、士別のおばあちゃんの所で山登りをしたの。よもぎのだんごをお母さんと作って食べたの。とても美味しかったよ。ジンギスカンも山の中で食べたの。これも美味しかったよ」「美味しくてほっぺたが落ちた？」と、私が聞くと「うーん」とZ子ちゃんは少し考えてから「落ちたからね、ボンドで引っ付けてきたの」と言う事でした。ユーモアがあっていいですね。

・「自分でやる！」

先日の給食の後片づけの時です。食べ物が口についていたZ君の側を通りかかったので、私が丁度持っていたちりかみで口をふいてやると、Z君は「自分でやる！」と言いました。私はこの時〃この子がせっかく自分でやろうと思っていたのに、何というらない事をしてしまったんだろう〟と自分で自分に腹が立ちました。1年生は可愛いから私もつい、しなくてもいい事をしてしまうのですね。この時、私はZ君に「口に食べ物がついているよ」と、教えるだけで良かったんです。ところが、1年生に食べ物を拭き取ってやるのは完全に〝お節介〟になるのです。それに、Z君だって同級生のいない所でされたらまだ良かったのでしょうけれど、皆のいる前でされたものだから、友達に対して〝赤ちゃんみたいで恥ずかしかった〟のかもしれません。自立しようとしている子に余計な事をしてしまったと私は反省しました。これからは、子供が「出来ない」と意思表示をしてきた時を中心に手伝ってやり、他は黙って見守っていてよく出来たらほめてあげるべきだと思いました。

・金魚の観察

エアーポンプを入れて金魚を本格的に飼い出した日の朝、4～5人の男の子が水槽の周りに集まって一生懸命見ています。ところが、よく見ると中腰にならないと観察しにくいのです。すると、A君が「先生、椅子を持ってきていい？」と聞くので、家庭科室の角椅子を2つ、教室の余っている椅子を1つ、そして、オルガンの長椅子には二人がすわって見てもらいました。B君などは、家へ帰ると今度は家の金魚をよく観察していたと、お母さんが〝連絡帳〟に書いてくれました。そこで、私が「B君は金魚が好きなんだね」と言うと「うん」と言っていました。

ちなみに、金魚の観察の授業の時、我がクラスでは私が給食の台に上がって（教室には私が上がれるような適当な台がないのです）、子供たちを見下ろし、「1年2組の皆さんは今から金魚さんになってください。1年2組の金魚たちよ～」と言うとすぐに「ハーイ」と言う返事が戻ってきました。「金魚になって、教室中を自由に歩いてみてください」と言うと、子供たちは喜んで金魚のように手をひれにしてふりふり歩き回りました。私は、1年生の授業は発達段階に応じて出来るだけ身体を使って身体表現をさせるようにしています。

・小さな先生

昨日の書写の時間、「書き方が分からない」と言う事で、質問が続出しました（勿論、担任の教え方が悪かったのですが……）。すると、担任が困っている事を察知したW君があちこち飛んで歩いて教えています。それを見ていたC子ちゃん曰く「W君、まるで小さな先生みたいだね」

1年生もこのように良く担任を助けてくれます。1年生だって頼もしいですよ。

・「質問！」
　昨日、初めて転がしドッチボールを体育の時間に１組と一緒にやりました。１組の先生の質問が終わるか終わらないうちに「質問！」と言う元気な声。勿論、我がクラスです。担任に似たせいか子供の声も大きいです。付け加えておきますが、説明している先生の話を聞いていなかったからではありません。聞いていても分からなかったのです。とにかく活発で元気な１年２組です。

○〃教育実習生、我がクラスに来る〃（担任より）

・８月26日　教育実習生（以下、教生先生といいます）、児童と対面。初対面なのに子供たちに「大学で何しているの？」「何処《どこ》に住んでいるの？」「どうして先生になりたいの？」などと質問攻めにあい、教生先生は小さい子供たちに分かるように答えるにはどうしたら良いか少しとまどっていました。
・８月27日「教生先生」「教生先生」と子供たちに付きまとわれて、教生先生は嬉しい悲鳴をあげていました。中にはトイレまでついていこうとした子もいました。
・９月２日　教生先生の初めての授業（算数）です。Ｓ先生（教生先生）が黒板にチョークで書いていると、ある子に「先生、そういう場合はそこに書かないで、こっちに書いたほうがいいよ」と言われました。それでもS先生は子供の指図を無視して自分の考え通りに書いていこうとすると、その子にまた「先生、片倉先生はそういう場合、こっちに書くよ」と強く言われたので、S先生、今度は子供の指図に従いました。

・9月11日　教生先生たちのトップを切って、いよいよS先生の研究授業です。教科はS先生のお得意の音楽で〝ぽんぽこたぬき〟をやりました。

子供たちも一生懸命、歌ったり楽器をならしたりしていました。このクラスに合うような狸の絵も出てきたりして、楽しい授業でした。参観していた先生たちにもほめていただいて良い授業でした。大学の先生（S先生の教官）も見に来ていて、S先生、大変緊張していました。さあ、本物の教師（私）も教生さんに負けないように頑張らなくちゃあ。

・9月22日　いよいよ学芸会。S先生も伴奏者として出演しました。さすが音楽専攻生、自分のピアノを弾いている手を見ないで、指揮者のJ先生や子供たちを見ながらの伴奏はお見事でした。これについては校長先生からもほめられました。ちなみに、担任はこんな芸当、一生かかっても出来ない事でしょう。来年の学芸会も伴奏だけでもS先生に頼みたいところです。

・9月25日の算数の授業の時、うるさくなってS先生も困り顔です。するとT君、後ろにいた私（担任）に向かって「うるさくする子の物（この時は算数セットの積み木）を取り上げるといいのに……」と言いました。私は「じゃあ、S先生の所へ行って言っていで」と言うとすぐにT君はつかつかと黒板の側のS先生のところへ行ってその事を言いました。それから、S先生がT君の言ったとおりにすると、たちまち教室は静かになりました。すごいねえ、T君！

○〝連絡帳〟（保護者より）

・11月28日　先生からの〝連絡帳〟を読んで何時も思うのですが、本当に人柄の良さが出ていますよね。〈ありがとうございます。担任より〉自分の小学校時代を思い出して子供たちに話してやるのです。すると、小4の子、K子が「ママってちびまるこみたいな事をしていたんだね」と言いながらもK子も学校や友達の事を沢山話し始めるのです。いつもはうるさい親だけれど、時には子供と同じ気持ちになって聞いたり、話したりする事が必要だと思いました。〈そうですよ、そうですよ。特にお父さんやお母さんの子供時代の失敗談をしてあげると、子供はお父さん、お母さんを今まで以上にぐっと身近に感じるものです。子供のころ、優等生だったとか、通知箋が良かったとかそんなお父さんやお母さんの自慢話など子供は聞きたくないのです。私も小学生のころ、家がお菓子屋だったので、店番をしながらお菓子のつまみ食いをした事を子供たちに話してやると（だから、糖尿病になった訳でもないのですが……）、それまでとろんとした目をしていた子供たちが、たちまち、生き生きした目になりました。担任より〉〝おたまじゃくし〟にもありましたが、我が家でも性教育をしています。小４の子、Ｋ子はもう大分わかっています。性の事で話していると隣で１年生のＬ子が「それなあに？」と始まるので、良い機会だと思って男女の違いから始めます。小学生向きの性教育の本を見せながら「ここで赤ちゃんが育って、ここから生まれるんだよ」と、教えます。私は、照れとかがあって最初は子供たちもちゃんと聞かないんじゃないかと思いましたが、意外と純粋な気持ちで聞いていました。子供らしい素朴な質問もぽんぽん出てきたりして、私は子供の分かる範囲で答えています。〈性の話も学校では子供も、国語や算数の勉強と同じように聞いていますよ。〝性の話は嫌らしい〟などと大人に言われた子は、性に対して偏見を持ったり、照れたりするのです。つまり、これも大人の態度次第というところでしょうか。担任より〉

○〝サンタクロースはいるの？　いないの？〟（担任より）

先日、我がクラスの子供たちにこの事を聞いてみますと、半数の子がいる方に手をあげました。よく調べてみると、ひとりっ子や長子、兄や姉がいてもぐんと年が離れている子に〝サンタクロースがいる〟と思っている子が多いようです。夢は出来るだけ大事にしてあげましょう。さあ、お父さん、お母さん今年もサンタさんにうまく化けてくださいよ。そうそう、〝サンタさんがいる〟と言う子にその訳を聞いてみると「サンタさんからお手紙がきたもの」「僕の知らないうちにプレゼントを置いていくもの」……と言う事でした。

さて、サンタさんがいないと思っている子にも「うん、やっぱりいるんだ」という夢を持たせるために、担任もひとはだ脱ぎたいと思います。その打ち合わせを13日の学級懇談の時にしたいと思いますから、保護者の皆さんは出来るだけ残ってください。もし、残れなかったら〝連絡帳〟にその旨を書いてきてください。お子さんに夢を持たせるためにぜひ御協力ください（従って、学級懇談の時、お子さんを教室に残さないでほしいです）。

サンタクロースについて、私は苦い話を聞いた事があります。もう、10年も前の話ですが、ある若い男の教師が1年生の女の子に「先生、サンタクロースがいると思う？」と聞かれました。すると、その教師が「サンタクロースなんかいる訳ない」と答えてしまいました。そのとたん、その女の子は「わあ〜」と大声で泣いてしまったそうです。その子は、サンタクロースはいると信じ切っていたのですね。じゃあ、そういう時はどうしたら良いのでしょうか。私なら「さあ、どうでしょうねえ。いるかもしれないし、いないかもしれない。先生、わかんないなあ」と、答えます。この時期の子に本当の事を言って、夢をなくさせるよりはいいと思うのですが……。

そういえば、私も小5のクリスマスに枕もとの靴下に中3の姉がそっと鉛筆を入れておいてくれた事を今でもはっきりと覚えています。その時の私はもう小学5年にもなっていますから、サンタクロースでない事が分かっていましたが、嬉しかったですね。とにかく、この時、生まれて初めてクリスマスのプレゼントをもらったのですから……今のような高価な物でなくても、心にしっかりと残っています。思いでは大切にしたいですね。

○〝教室寸描〟(担任より)

・ 例のごとく担任が給食をグループの子供の中に入って食べていたら、パクパク食べている子に対して「そんなに食べたら太る」と言う事から相撲の小錦の話になりました。

すると、Ｓ子ちゃん「あっ、そういえば小錦、結婚したものね。先生も早く相手を見つけなくちゃあね」と、真顔で言うので私は何と言ったらよいか困っていると、Ｓ子ちゃんの隣にいたＵ子ちゃんがすかさず「先生、結婚しているよね」と言うので、私がうなずくと「じゃあ、どうして子供がいないの？」とＳ子ちゃん。そこで私が「結婚しても先生のように子供のいない人もいるんだよ」と言うと、Ｓ子ちゃん曰く「フーン、ああ、そうだ。先生にはチョメ（愛犬）がいるものね」と言う事でした。

その事を職員室で同僚の女子教員に言うと「『うん、いないから相手を探して』と言うと良かったのに……」と冗談を言って笑っていました。冗談にでもそんな事を言ったら、本当に探しかねない、あの時のＳ子ちゃんの顔つきでした。１年生って面白いですね。

・Ｗ子ちゃん、いつもスカートをはいてくるので、私が「このクラスは何時体育をするか分からないから（体育館をのぞいて、あいていたら「ソレーッ」と言って急にやるこ事があるのです）、ズボンをはいたら？」と言いました。すると、Ｗ子ちゃんが言うには「あのね、お母さんがね『このスカート小さくなるから今のうちにはきなさい』って言うの」だそうです。なるほど、なるほど。次の日、Ｗ子ちゃんは時間表で体育がある事が分かっていたので、きちんとズボンをはいていました。なぜ、時間割通りに体育をしないかと言うと、体育館は１つしかないので、１年生が２〜３クラス一緒に体育をする事になります。しかし、それでは狭いので子供たちの発案でズボンを毎日はいてきてもいいから、少しでも広い場所で体育をのびのびとやりたいそうです。

プールもそうです。夏になると、我がクラスの児童は毎日プール用具を持って登校します。訳は体育館と同じ理由です。あるお母さんが教えてくれました。「うちの子がこの間言っていたのですが、他のクラスの子が『２組は可愛そうだね、いつも体育やプールをしないで』と言うと、うちのＮ子は言ったそうです『２組はね、体育館やプールが開いている時に２組だけでやるから広い所が使えていいよ』と」我がクラスの子はちゃんと分かっているのですね。

・本州のひいおばあちゃんが亡くなったＡ子ちゃん、すぐにその事を私に教えてくれました。「内地のおばあちゃんが死んだと言う電話がきた時ね、妹がワンワン泣いたの」それを聞いていたＢ君「へえ、どうして泣いたんだ。おれ、ばあちゃんが死んだ時、泣かんかったぞ」「妹さん、悲しかったのでしょう?」と私。それから、Ａ子ちゃんのお話が続きます。「それでね、私と一緒に住んでいるおばあちゃんがすぐ内地へ行って、少したってからお母さんも行ったの」

そして、それから2~3日たってから、また、A子ちゃんが新しい洋服を私に見せながら「このセーターね、お母さんが買ってきてくれたの。このキュロットはね、前から見るとスカートに見えるでしょう？　でも、こうして後ろから見るとキュロットになるんだよ」と言いながら、私の前でくるっと回って見せてファッションショーをしてくれました。やっぱり、1年生ですね。1年生でなければ自分の気持ちをこんなに素直に担任になど出してくれませんよ。

・教室の前のオルガンの横にある教師用の机（教卓）の引き出しの中が、余ったプリントなどでごちゃごちゃになっているのを見たH子ちゃんが「先生、この中、整理してもいい？」と、聞きました。私が「はいはい、どうぞ、どうぞ」と言うと、J子ちゃん、R子ちゃんたちと一緒に綺麗《きれい》に整理整頓をしてくれました。整理整頓が不得手な私などは高学年を受け持つと〝先生の机の整理整頓係〟と言う、他のクラスでは考えられない係を児童が自主的に作ってくれました。しかし、1年生からこうして自主的に申し出てくれたのはH子ちゃんたちが初めてです。

○〝連絡帳〟（保護者より）

・12月13日　参観日の懇談会での先生のお話は大変楽しく聞かせてもらいました。もう少し聞かせてもらいたかったと少し残念に思いました。お話の中に我が子の事だと思われる事が幾つかありました。〈懇談会での子供の具体的な様子は全て匿《とく》名で話しています。担任より〉その中の1つの事ですが……先日ピアノの発表会がありました。お姉ちゃんと二人で参加するので、親として一番頭が痛いのは衣装の事だったんです。とりあえず、W子にはスーツがあったので（これもお姉ちゃんのお下がりですが……）、それを着せる事にしたのです。本人にも了解済みですが、お姉ちゃんにはどう探しても何もないために買う事にしました。ところが、その当日、友達が来てくれてW子とお姉ちゃんの発表会の衣装を見て「かわいいね」と言ってくれました。すると、すかさずW子が「あのね、この綺麗なお姉ちゃんの服、高かったんだよ（本当は安いのですが……）。そして、この私のはお下がり」と、声を大きくして言うんです。このように必要にせまられてお姉ちゃんに買うという事はあるのですが、親としては二人には出来るだけ平等に……と思っています。でも、最近はよく泣いたり、「お姉ちゃんばっかり……」とか言いますね。W子が嬉しそうにいうのはやっぱり先生の事です。先生に「○○ちゃん」と愛称で言っていただくのがとても嬉しいようです。最近、喜んだというかホッとしたと言う事があったんですよ。上の前歯が抜けてから1年目にしてやっと出てきたのです。結構、本人は気にしていて「歯抜けババア」と言われたとか「お母さん、もう歯が出てこないんじゃないの？」などと心配していたので、「大丈夫、遅く出てきた方がラッキーなんだよ」と、私も答えていました。でも、1年も生えてこなかったとはさすがに長かったです。親子で本当にホッとしました。長くなってしまいましたが、学級懇談の中で先生が我が子の事を話題にしてくださるのは親として嬉しいものですね。

【ケロケロ通信】

○〝ケロケロ通信〟誕生、皆さんよろしくね！（担任より）

2年生になって学級通信の名前を募集すると、30家庭近くの応募があり、16の名があがりました。子供たちと厳正なる二次審査の結果、2年2組の学級通信の名前は〝ケロケロ通信〟に決まりました。名付け親はXさんのお父さんです。理由はもうお分かりだと思いますが、去年が〝おたまじゃくし〟だったので、今年は1年大きくなってかえるになったと言う事から〝ケロケロ通信〟になったのです。大勢の方のご応募、本当にありがとうございました。ちなみに、〝かえる〟にちなんだ名前を出してくださったかたが10人以上もおりました。

○〝教室寸描〟（担任より）

・4月11日　F君が担任の顔を見て

「先生、べっぴんだねえ」

「あら、ありがとう」

「どうして『ありがとう』って言うのさ」

「だって、〝美人〟だっていう事でしょう？」

「ええっ、〝べっぴん〟って〝ブス〟という事かと思ったア」

には、私も1本取られました。

・算数の筆算に入る時、「筆算ってどういう事かなあ」と、担任が聞くとL子ちゃんがサッと手をあげました。当てると「必死になって走る事かなあ」と答えました。すごい想像力をうんとほめてあげると、続いて2〜3人手をあげました。これからの教育はこうでなくちゃあ。教師がパッと正しい答を言うのではなく、ああでもない、こうでもないと皆で正しい答を考えていくんですね。明日の参観日の算数もこのような展開をしていきたいと思います。今日、筆算に入る前段階として1年の復習（5＋8のような計算）をフラッシュカードで全員に当ててから、担任がひとりで30枚くらいの答をさっさと言っていくと、終わってから、子供からの拍手が起こりました。「先生、すごい！」と素直にほめてくれました。大人ならこれくらいの事普通なんですけれど、児童に拍手され、ほめられて担任は感激しました。私もこれからも子供をうんとほめようっと。

○〃連絡帳〃（保護者より）

・4月30日　先日の家庭訪問は色々とありがとうございました。私も子供の声を聞くように心掛けたいと思っています。今、Cは宿題をやっています。足し算の確かめです。15＋13＝28の確かめは13＋15＝28なのですが、私は28－13＝15あるいは28－15＝13かと思っていました。難しい事なので、学校のように足し算を2回やるように指導しています。この事についてのお返事は別にいりません。今日、面白かったのは、テスト（プリント?）の答でCが「目で聞く」と線で結んだので間違えていました。当然なのですが、私が「耳で聞くでしょう?」と言うとCは「いや、先生はよく『目で聞きなさい』と言っていた」と言うのです。目で語ると言う事はありますが、そういう意味にとられたのでしょうか。〈子供（特に低学年）は人の話を聞く時、ただ「話を聞きなさい」と言ってもなかなか聞かないんですよね。そこで、小学校の教師はよく「目で聞きなさい」と言います。勿論、普通に考えると目でなんか話を聞けるはずはないのですが、私たち、教師は「話し相手をしっかり見て、聞きなさい」と言っているのです。それを短くして「目で聞きなさい」になるのです。テスト（プリント）の時は2年生にも分かるように担任が補足して説明すべきでした。謝ります。どうもすみませんでした。担任より〉

○〝やったあ！　かけざん九九、全員合格！〟（担任より）

10月からやっていた2年生最大の算数の単元〝かけざん九九〟を我がクラスは昨日（12月9日）全員、無事に合格しました。〝かけざん九九〟を高校生になってもまだ覚えていない子もいると言う話を聞くにつけ、私が担任した子には絶対そんな事はさせまいと思いました。そして、九九の学習が始まった時から、2学期中に児童を全員合格させようと心に決めていました。ですから、2学期修了よりも2週間も早く全員に合格証を上げる事が出来て、担任としても嬉しく思っています。

勿論、九九を覚えるにも個人差があってこれも個性と考えると、どうしても覚えられない子に無理強いするのもどうかと思いましたが、いや、九九だけは違う。これはどうしても覚えさせなければならないものだと担任も心を鬼にして頑張りました。幸いにして、お家の人の協力、そして、何よりも残して練習させても泣いてやらない子がいなかったのが一番嬉しかったです。やはり、子供たちが一番頑張ったのだと思います。それにつけても、お家の方のご協力を心から感謝いたします。

○〝かけざん九九〟余話（担任より）

ある日のS君、朝、学校へ来るなり「お母さんに『かけざん九九が出来なかったら帰ってくるな』って言われたさ」と言うので「そりゃあ、大変だあ。出来なかったら、先生と一緒に学校へ泊まるかあ」と私も言っていました。しかし、S君がこの日に覚えなければいけない6～7の段を合格する事が出来たので、無事帰る事が出来ました。また、ある日のS君「お母さんが言ってたんだけれど、僕ね、夢で8の段を言っていたんだって。でも、僕は知らなかったんだよ」と言いました。「僕、知らなかったんだよ」と言うところが子供らしくてとても可愛く思いました。

○児童の自主家庭学習より

・12月４日　わたしは14番目にかけざん九九にごうかくすることができてとてもうれしいです。先生、もっと、もっとべんきょうをおしえてください。いっしょうけんめい、九九をおぼえるのにつきあってくれたお母さんにかんしゃじょうかな？　とおもいました。れんしゅうしたかいがあったんですね、先生。わたしは、もうむねがいっぱいです。先生もいつもいそがしそうだけれど、がんばってください。

○チャボ（にわとりの一種）の色は黄色だったっけ？（担任より）

生活科の授業で、学校で飼育している〝チャボ〟の観察をした時の事です。私のやり方も悪かったのですが、児童に外の鳥小屋に入っている〝チャボ〟を見せてから教室でノートに描かせると、半数以上の子が黄色の色つけをしました。〝チャボ〟はにわとりの一種ですから、児童の頭には黄色のイメージが強く残っていたのでしょう。そこで、今度はノートを持って外へ行き、〝チャボ〟の側で描かせました。それでもまだ、黄色の色つけをする子がいたのには私もびっくりしました。子供ってこういうものなんだなと改めて認識しました。後で分かった事ですが、子供は3年生ぐらいまで思いこみで絵を描くようです。4年生ぐらいから、見たままを描けるようになるそうです。

○「ケツ、たたけ!」

4年生を担任していた時です。

職員室にいたら、「先生、大変だぁ。教室でとっくみ合いのけんかをしている」とA君が知らせに来ました。いそいで行ってみると教室の後ろの方で床にねころんで二人でとっくみ合いをしています。すると、そばにいたB君が「ケツ、たたけ! ケツ」とさけんでいます。

私は、自分でも児童のおしりをたたいていたし、児童にも「身体でたたいてもいいところは、おしりだけ」と言っていたので、B君がそれを言っていたのでしょう。私はかくれて、たいした事のないそのけんかを見ていたのですが、C子ちゃんが「あっ、先生がきた」と言ったので、けんかをしていたその二人はすぐにはなれました。後で、「ケツ、たたけ!」と言っていたB君をよんで、その事をほめました。家へ帰ってから、おばあちゃんに『ケツ、たたけ!』と言って、先生にほめられた」というと、「Bの先生、若い男の先生かい?」と聞いたので、「いや、おばさん先生だ」と答えると、「学校もかわったものだ」と言っていたそうです。

そういえば、私のやっている事を、全然知らない人がきくと、ほとんどは若い男性教師がやっていると思うらしいのです。特に、私の小学1、2年生担任だったK子先生がこの姿を知ったら、何とおっしゃるでしょうか。

○保護者からの手紙

「二年間の思いで」としてアルバムと共に、全員の保護者が担任に書いてくれたうちの数人の文をのせます。

> 2年前の4月6日、小学校の入学式。
> 赤いランドセルを背負った娘と手をつなぎながら母と娘、少しの緊張感の中に新しい、ひとつの始まり事への希望や成長の喜びなどの感情を抱きながら会場へ向かいました。
> あれから2年、低学年の大切な時期を片倉先生に担任していただき、本当に良

かったという思いです。担任の片倉栄子先生を紹介されて、母親である私の小学1~2年時の担任が、先生とどこかしこ年齢も似ておりまして、自分の当時のころの思いを重ねておりました。そして「この先生なら任せられる」という印象をもちました。

初めての参観日の時でしたでしょうか……。「私はプロの教師になりたいのです……」とおっしゃるお言葉に「この先生は信念を持って一生懸命やる方だ」と思いました。以来、学年通信や学級通信のまめな発行、連絡帳への記帳などを通して、コミュニケーションをとって下さいました。中でも「親の勉強、親業」については、ズバズバと私たち親を、よく刺激して下さいました。

現在も、これからも常に課せられている問題であります。3人の子供をもちながら、なかなか成長できないでいる私にとりましては生涯の課題であります。

懇談会や茶話会では先生の本音も出していただき、学校と親、担任と親、子供の距離を近いものにしていただきました。何か問題をかかえた際には、片倉先生になら相談できる、言えるというカウンセラー的な受け皿も作っていただきました。

また、クリスマスにはサンタクロースとなって、ひとりひとりの子供へメッセージ入りのカードを……、お正月には年賀状もいただきました。旅行のおみやげや「チョメちゃん」の写真、授業中や給食の写真もいただきました。また、給食のご飯でおにぎりを作ってくださったり……。

こうして先生には、他の事も含め、いろいろとしていただきましたね。親の方はいつも受け身で、先生のお人柄、ご好意にただ甘えてばかりいたような気がいたします。

懇談会では、子供たちのこと、学校のことなど率直にお話し下さって内容が濃かったです。先生はいつも笑顔で、お話もおもしろく上手ですので、参加していても飽きることがありませんでした。

片倉栄子先生、子供たちへ沢山の愛を下さってありがとうございました。先生のお人柄を忘れません。お身体の方も、くれぐれもご自愛されて、プロの教師であり続けて下さい。

最後に「さようなら」ではなくて「またお会いしましょう」そして「本当にありがとうございました」

（女児の母より）

愛深き片倉先生

先生ほど先生らしくない先生（失礼かもしれませんね）に出会えた事、親子共々本当に感謝しています。親として子供たちに表裏のない（親の方にも）心情で接して下さり、親も先生の生徒のように慕《した》って信頼しておりました。

子どもが学校での楽しかった様子を身ぶり手ぶり口ぶりで教えてくれる時、家族中で笑い合い、子どもが生き生きと毎日学校に向かっていく姿に安心しておりました。

いつかいわれた事があります。「お母さんには楽しいことやうれしい事はいえるけど、先生にはいやな事、いけない事、悲しい事もいえる」と……。心のオアシスであり、愛のふところであった先生にはすべてさらけ出せたのでしょう。

「どうしてお母さんにはいえないの？」と聞くと、「お母さんは怒るから」とはっきりいわれました。母親としてショックでありましたけど、涙を流して反省しました。こんなでき事も先生との信頼の絆《きずな》なしに表に出る事はなかったでしょう。愛という心情の世界で子供たちの目に見えない心を見つめて下さった事、本当に感謝しています。

最後に私の好きな一言を贈ります。
〝愛は与えて忘れなさい〟ドムーン
2年間本当にお世話になりました。お身体御自愛下さい。お祈りしています。
（男児の母より）

二年間どうもありがとうございました。

思えば、初めての家庭訪問の時から主人は先生の大ファン。「この先生なら大丈夫」。先生というよりも一人の人間としてファンになったようです。

私も先生は「いい先生」というより「ステキな先生」という言葉が似合っていると思います。

学校というわくの中で先生はいろんな事にチャレンジして下さったと思います。時には親でさえ思いつかない事を子供のためにして下さったり、本当に夢のある方だなあと感心していました。子供は当然ですが、親もいろんな事を教えて頂いたと感謝致しております。

Nは、怒ると「おっかない先生」とも言います。そしてウソをつかない限り「許してくれる先生」とも言います。

おにぎりの作り方も私のやり方より先生の方が正しいんだそうです。ひょっとしたらNは、先生とお別れの日、ちょっぴり涙するかも知れませんね。

すばらしい先生に出逢えた事、とってもうれしく思います。


（男児の母より）

片倉先生へ
二年間大変お世話になりました。
一、二年生という大切な時を先生と親子共々過ごせた事をとてもうれしく思っています。
先生の子供に対する気持ち、言葉かけは私にはとても勉強になりました。

子供といっしょに私も変わっていった二年間だったと思っています。

また、M子の事だけではなく、お兄ちゃんの事も色々といつも教えていただき感謝しています。ああこの子にはこんないい所があるんだと親なのに今になってわかった事がたくさんありました。

思えばなんと情けない親だった事か……。

『先生は正直に言うとおこらない』

M子は先生には何でも言えると言います。私にはまだ半分くらいだと思います。先生には絶対的な信頼を持っています。でもこれから先何人もの先生にきっと習うでしょう。その時これだけ信頼できる先生ってきっとそんなにいないと思います。だからその時は私がしっかり受け皿になってあげたいと思います。

先生のようにはまだまだできそうにないのですが、私も子供のために頑張りたいと思います。

先生が担任でなくなっても助けを求めるかもしれません。どうぞその時は相談にのって下さい。お願いします。

本当に二年間ありがとうございました。

（女児の母より）

D子の父親から一言

この2年間御世話になりました。

家庭のつごうで学級行事などにはほとんど出れませんでしたが、先生にはそのつど親代わりとして子供の相手をしていただき、誠にありがとうございました。

D子の淋しさは、手にとるようにわかりますが、そんな淋しさをふきとばしてくれるような先生の元気のいい声がとてもうれしく感じられたものです。

おかげ様で、D子は先生というもの、学校という所、そういった基礎的なものを、しっかり身につけたように思われます。

先生のことは「おっかない」と言いますが、それは恐ろしいと言うものではなく、いわゆるそれが先生であると、私は昔から思っています。

そういった先生に、私は全面的に賛成し拍手をおくりたい一人であります。

これからもこの2年間で身につけたものの上に少しずつ成長をかさねていきたいと考えています。これからの先生の御健康を心よりお祈り致しております。

お世話になりました。

平成5年春（女児の父より）

拝啓　祖母から一言お礼を書かせて頂きます。

2年間なにもわからない孫をお世話になりまして誠にありがとう御座いました。今ではとても成長した孫の顔を見て先生に感謝の気持ちです。

私も親の都合の悪い時は学校に出るようにしてきました。私もとても勉強になりました。それから夏休みがあと2、3日という時に学校のじゅんびをしましたら、私の不始末から健康検査の用紙をなくしてしまいました。色々と心配をして先生にお願いするほかないと思い、孫に学校に行って先生に話をしてと言いましたら、「おばあちゃんがなくしたんだから、おばあちゃんが話をしたらいい」と孫に言われたのでとてもなやみました。

お買い物に出かけた時に学校からお帰りの先生に出会いましたので、思いきってお話をしましたら、先生から気安くお返事を頂きましたので、一安心しました。

ほんとうは学校に行ってお願いすべきでしたのに誠に失礼な事をしました。道ばたでおゆるし下さい。

この時ほど女の先生で良かったと心から思ったことはありません。

ほんとうにありがとう御座いました。


（女児の祖母より）


片倉先生一年間本当にありがとうございました。

我が子は転入生のため、たった一年間でしたが先生には連絡帳などを通して親身にお力添えを頂き感謝しています。

サラリーマン教師の多い今の時代に先生のような方に出会えた事は、娘にとっても私にとっても幸運な事でした。

先生は常に私たち親に対して子育てに関するアドバイスをして下さり、その事により2組のお母様方は知識欲も旺盛で、意識の高い方が多いと感心させられ、我が身を振り返り反省させられる事がずい分ありました。

私も以前〝親業〟の訓練を受けましたが、忙しさにかまけているとついおざなりになってしまいます。

これは心にゆとりを持たないとできない事ですものね。

先生は子供たちに正直であることの尊《たっと》さとか、人の欠点をも受け入れられる心の広さとかを教えて下さったのだと思っています。

私も欠点だらけの人間ですが、娘が大きくなった時に「お母さんは欠点もいっぱいあるけど一人の人間として好きよ」と、言われる様な親でありたいと思っています。

最後になりましたが、先生が数ある職業の中から教師という、子供たちの人格形成にとっても影響力のある職業を選んで下さった事、本当に嬉しく思います。

まだまだこれから一層、子供たちをとりまく教育環境は厳しくなりますが、先生もどうぞ健康に留意され、ますますご活躍下さいます事をお祈りいたします。また、今後共私共にご指導下さいます様お願いいたします。

2年2組は本当に良いクラスでした。

平成五年三月九日（火）片倉栄子先生へ（女児の母）

先生2年間本当にお世話になりました。

先生にはたくさん教えていただき、本当に感謝しています。子供にまかせる教育、がまんする事の意義、子供は良い事も悪い事もするという事、親業についてetc……etc……。えばりんぼうのくせに気の小さいBも2年間のびのびと楽しい学校生活を送る事が出来ました。ありがとうございました。

私もこの2年間楽しい思いができうれしく思っています。先生のアイディアいっぱいの参観日はいつも楽しく、次は何を見せてくれるのか……と心待ちにしていました。

学級行事も、先生の踊りのうまさは、今も思い出されます。未熟者の親としては、まだまだ先生に教わりたい事だらけで心配です。これからも何かあったら相談にうかがうかもしれませんが、きらわずによろしくお願いします。

ホッペデブ（……と主人が呼ぶのです）の親子より（男児の母より）

先生へ

先生、２年間だけど、おせわしてくれて、どうもありがとうございました。ほめられながら、おこられながら１、２年をやっと、しゅうりょうできました。３年生になると先生とも、なかよしの友だちとも、くらすがバラバラになるので、少しさみしいです。

先生は、いつもニコニコして、おこるときは、おこって、いい先生でした。先生は、わたしたちみたいな子どもをどう思いましたか。

みんな、かたくら先生になって、いまでも、うれしいなあと思います。２年生になる前、てん校生のＳさんがまだいないとき、わたしは、もうおぼえていないですけど、きおくにのこっているのは、わたしはすこし赤ちゃんぽくて、今もだけど、いつも、先生ばかりたよってわるいなあと今、はんせいしています。先生は、二ばん目のチョメがしんだとき、かなしそうだから、なぐさめてあげよう!! チョメは先生の子どもだからなあとも思いました。

つぎの日、学校に行って、わたしが「先生おはようございます」と言うと、いつも

の先生になおっていました。とをあけると、「きょう一日がんばろう」と思いました
よ。
三年生になっても、ガンバリます。
〈二年二組　女児〉

7校目

学級通信、年間200号を超えた事あり……

1993年（平成５年）４月

旭川へ来て第4校目の学校になります。ここは前任校より我が家からは少し近くなって徒歩で20分くらいです。ここでも私は低学年を希望したので、1年生の担任になりました。保護者とのコミュニケーションを良くするために、学級通信も相変わらずたくさん出しました。この時の学級通信名は〝にこにこつうしん〟になりました。勿論、ここでも保護者との意思の疎通をはかるために〝連絡帳〟も大いに活用しました。この学校の様子も〝にこにこつうしん〟に書いた事を中心にして読者の皆さんにお知らせしたいと思います。

【にこにこつうしん】より

○〝にこにこつうしん〟誕生！（担任より）

すでに学級の正面に大きく〝げんきなこ〟と書かれているので、学年の目標は保護者の皆様もよくお分かりの事と思います。この目標には〝明るく元気で、のびのび生き生きしている1年生らしい子〟という願いがこめられています。

さて、これを受けて学級目標は〝にこにこしているこ〟にしました。ところでこれを聞くと、保護者の皆様は「学級のどこにもそんな事書いていないじゃないか」とお思いになるかもしれませんね。そこで、学級目標を忘れないためにも学級通信名を〝にこにこつうしん〟にしました。ここ10年くらいの私が出す学級通信名は保護者の皆様や児童から募集していましたが、今回は右記の理由により私が付けさせていただきましたのでご了解ください。

〝にこにこしていること〟というのは、子供は正直ですから、学校が楽しかったら自然と〝にこにこ〟するでしょう。子供が自然と〝笑顔〟になる、そんな学級にするために担任が気をつける……という意味で〝にこにこしていること〟〝にこにこつうしん〟が生まれました。しかしながら、子供にとっては家庭が最も大事な場所なので、お家でも子供がいつも〝にこにこした気分〟でいられるように、ご協力をよろしくお願い致します。

○初めての参観日、ご苦労様でした。

小学校入学以来の初めての参観日は如何でしたか。担任としては、いくら道具を使っていたとはいえ、入学してまだ1週間しかたっていないこの時期によく1時間も持ったなあと感心しています。どの子も頑張りましたよ。

ところでお家へ帰ってから何と言ってほめてあげましたか。「うちの子は、さっぱり手もあげないし……ほめる所なんかないわ」とおっしゃるお母さん、授業そのものでほめる所がなかったら、教室に張ってある絵や大きく自分の名前を書いて張ってあるのをほめてあげてもいいですね。とにかく黙っていて反応がないのが良くないのです。まだ、何も言っていない方は今からでも「そうそう、昨日の参観日はね……」とほめる事を中心に言ってあげてください。反応のある子にしたかったら、保護者の方がまずお子さんに対して反応のある大人になる事です。私もそういう担任になる様につとめたいと思います。

○教室寸描（1）大捕り物

算数の勉強をしていると、子供たちの目が急にキョロキョロしだしました。担任がどうしたのかと思って良く見ると、天井あたりにアブだか蜂だか知らないけれど変なのが飛んでいるではありませんか。「皆、気になるかい?」と聞くと、子供たちは一斉に「気になるう」と言うので、ほうきを持ってきて担任と飛んでいる虫との戦いになりました。「先生、頑張って!」と言う子供たちの声援をバックに「エイ、ヤー」の担任の大きな掛け声と共に虫をやっつけました。すると、その途端に子供たちの「先生の勝ち!」と言う声と同時に一斉に拍手が起こりました。そして、これで虫と担任との大捕り物は一件落着しました。
でも、今考えると（平成19年5月現在）、あの時虫をやっつけないでそっと窓から外へ逃がしてやった方が子供たちにも教育的に良かったのではないかと思いました。

○教室寸描（2）ある日の給食時間

この日はカレーライスが出ました。H君、担任の気づかないうちにお代わりとしてお皿山盛りにご飯とカレーを注《つ》ぎました。担任が「そんなに食べれるのかなあ」と思っていると、案の定、H君は泣きながら「食べれない」と言って残しました。そして、何日かたった次のカレーの時、H君はまたお代わりをしたのですが、今度は自分で「お腹と相談して食べれるだけにしよう」と言って、少しだけついで食べていました。何事も経験なのですね。H君！

1年生のカレーライスは担任から見ると〝魔のカレーライス〟と言われるほど、嫌われるんですね。注ぐのに時間はかかるし、こぼすと後片づけが大変なのです。前任校の1年生で、カレーライスをこぼしてその上に足を滑らせて転んだ子がいたのです。あの時はこっちが泣きたくなりました。でも、〝担任の気持ち、児童知らず〟で、子供たちはラーメンに次いでカレーライスが好きなのです。「毎日、カレーライスでもいい」と言う子もいましたが、そうなると担任は完全にお手上げです。

○1学期の児童の様子（担任の感想）

4月—大人しくて、給食もあまり残さない、いわゆるお利口さん的な子が多いなあ。

5月—そろそろ、ヤンチャが出てきました。小さな怪我も多くなってきて保健室へ行く子も我がクラスが一番かと思って、保健の先生に聞くと「いいえ、違いますよ」と言われて、少し、安心しました。

6月—給食時間中、担任は〝楽しく食べる〟をモットーにしているせいか、ぺちゃくちゃ話に花が咲いてお行儀も良くありません。従って、毎日のように1回は給食を引っくり返します。その代わり、後片づけも上手になりました。ハイ。

7月—〝国語と算数以外の事なら何でも好き〟と言う、担任がめざす〝子供らしい子〟になりました。

○夏休み中のお母さん先生、ご苦労様でした。（担任より）

先日、担任からのラブレターをお子さんに代筆してもらって保護者の皆さんに届けたところ、たくさんの保護者の方から夏休み中のお子さんの様子についてお知らせくださり、ありがとうございました。何と言っても我が子の様子について率直に書いてあったのが、担任を一番喜ばせてくれました。お子さんを初めて小学校へ入学させたお母さんも多いと思います。書いていただいた一番の目的は、我が子の夏休みだけでなく、他の子たちはどのように過ごしたのか知る事によって、ああ、他の子も家の子と同じだと言う安心感をお母さんたちに持っていただきたいと担任は思ったからです。

学校長も1学期の終業式で「普段出来ない事をこの長い休日でやってほしい」と言っていたのですが、お母さん方が〝連絡帳〟に書いてくださったのを見ますと、まさにその通りの事が書いてありました。普段の生活では出来ないような旅行、親子合作の夏休み作品、親戚との触れ合いなど実りの多い初めての夏休みを送った子が多かったので、担任として大変喜んでおります。でも、何と言っても大きな怪我や病気がなかった事が、一番うれしかったですね。お母さん先生、本当にご苦労様でした。皆様が書いてくださったお子さんの夏休みの様子は、あまりにもプライベートな事は除いて徐々にこの通信でご紹介していこうと考えております（勿論、匿名です）。

では、まず担任の夏休みをご紹介します。

目標	評価
1、愛犬と遊ぶ（普段、あまりかまってやれないから……）	80点
2、読書	60点
3、家の中の掃除	30点

その他として目標には立てなかったのですが、普段なかなか会えない5人の友達とも個別で会えたのも大きな収穫でした。いずれにしても、いくら目標を立てても自分の興味のない事はあまり出来ないと言う事を身をもって感じました。

○我が子の夏休み（1）お母さんより

8月19日　怪我もなく、風邪を引く事もなく、とにかく無事に夏休みが終わりました。学校に提出する〝生活の記録〟の遊び、仕事、勉強、水泳をそれぞれ色分けして塗る所などは、最初は1日ずつやった所に色付けしていたのが、何日も続かず特に遊びの欄などは最後にまとめて一気塗りをする始末です。何と言ういい加減さと思う反面、細かい事にこだわらなくていいわと逆にプラスに解釈していくいい加減な母親です。

七夕の時、近所のB君が迎えに来てくれて、二人で何やら約束をして午後7時ころから出かけていって、家に戻ったのは8時半ころにもなっていたでしょうか。手にしていった買い物袋には、お菓子やろうそくがそれはそれは山となって一杯入っていました。知らないお兄ちゃんたち2～3人の中に入って一緒に回って歩いたそうです。あの子が確実に成長している事を実感しました。こんな調子で夏休みは〝遊びまくって終わった〟の一言につきます。

丁度、小樽に私の兄がいてその子供たち（つまり、我が子Fの従兄弟）といるのが楽しいらしいのです。また、釧路には私の従兄弟がいて、その子供がFと同い年でしかも男の子と来ているのでこの子と遊ぶのも楽しみなのです。従って、盆と正月は子供たちにとって何よりらしいです。

私たちが子供のころにあった〝夏休み帳〟と言う学習帳もない事をいいことに、親もほとんど勉強をさせると言う意識もなく、それにもまして子供の方はもっと勉強に対する意識はありません。それなのに今日、お風呂で突然何を言い出すかと思ったら「お母さん、学校っていい所なんだよ。勉強ってとっても面白いんだよ」ですって。あの子といると母も楽天家でいられそうです。

○我が子の夏休み（2）お母さんより

8月19日　夏休みのK子の様子ですが、休み中は暇さえあればプールに行っていました。私がこうして〝K子の夏休みの様子〟を書いている今もL子ちゃんと一緒にプールに行っています。1年生に入学する時に、家の前にスイミングスクールのバスが通るのでK子に「水泳習う？」と聞くと「絶対いやだ」と言っていました。だから、学校のプール授業を心配していたのですが、今では泳ぐのが好きみたいでホッとしています。

勉強の方は気が向けば「漢字の練習」と言ってノートに漢字を書いている日もありました。家にいて何日も勉強をしない日が続いたので私が注意すると、文句を言いながら市販のドリルの問題をやっていました。これではダメだと思い、学校から借りた本を声を出して時々読ませていました。でも、まだ1年生だからと思い、勉強もあまりさせていませんでした。あさがおの観察は半べそをかきながら「上手に絵が描けない」とか「何を描けばいいの？」などと言い、寝転がりながら描くのでしばらく時間がかかっておりました。お手伝いの玄関掃除も自分で決めたのに「暑い」とか「めんどくさい」とか文句を言いながら、夏休みの終わりの方はやらない日もありました。でも、ゴミ出しやお茶碗ふきは手伝ってくれていました。気が向けば、お茶碗洗いや料理の野菜も切ったりしてくれました。

話は変わりますが、K子は学校で大人しくしているので、その分家では反抗的になるのかと思っているのですが……。1学期に風邪で休んだ時ですが、病院では「腹痛は風邪のためだ」と言う事でした。でも、朝起きると「お腹が痛い」と言うのに、日中になると収まるらしいんですよね。K子は牛乳が苦手で飲めないんです。K子が学校へ行く前日に私がその事を〝連絡帳〟に書こうとしていたら「牛乳を飲むから、何も書かないで」と言うのです。K子が学校を休んだ日は参観日の2〜3日前で参観日も本人は休んだので、母(私)が参観日に行くのがいやでそのような状態になったのかと私は気にもなりました。私としては前回の参観日の後にK子にうるさく言った覚えはないのです。我が子ながら本当に不思議です。

先生には何時も感心している事があります。上質紙のテストは勿論、更紙の小テストそして国語の教材〝けんかした山〟で子供に描かせた絵にまで先生からの一言が必ず書いてあることです。それについては、親も頭が下がる思いです。先生のその一言を読んで親も何か一言(はげまし)を子供に言わなくては……という気持ちになります。ダラダラととりとめのない文章になってしまい申し訳ありません。これでK子の〝夏休みの生活の様子〟が分かったでしょうか。親も子供も夏休みののんびりした生活から早く抜け出すように頑張りますので、これからもよろしくお願いいたします。

○宿題、国語〝天にのぼったおけやさん〟を読む練習をしてお家の人は何と言ってくれたかな？　1月21日（保護者より）

・夕食後、一生懸命読んでいました。「楽しかったね」と言うと、すかさず先生のような口調で「何処《どこ》が楽しかった？」と聞かれ、思わず「お母さんもかさを2〜3本持って空を飛んでみたい。洗濯をした時は雨が降らないようにしたい」なんて、子供の質問に合わないような返事をしていました。子供があまりにも一生懸命なので、私も一生懸命に聞いて一緒に勉強したいと思います。

・最初は〝おけやさん〟を〝おやけさん〟と読んでいたのが、3回目から間違わないで〝おけやさん〟と読めるようになりました。間違わないで読めるようになったら、今度はお母さん（私）が「もういいよ」と言うのも聞かずに25回も読みました。お陰でお母さんも本を見なくても〝天にのぼったおけやさん〟をすらすら言えるようになりました。

・よむのはじょうずだけれど、「いま、よんだところは、どんなおはなしでしたか」と、おかあさんにきかれましたが、わたしはわかりませんでした。〈この子は、お母さんが言ってくれた言葉を自分でノートに書いてきました。担任より〉

・6回読みました。すらすらなのですが、早口で読むので、ゆっくりと、点（句点）と丸（読点）は少し間をあけて、会話のところは話しているように読むように言いました。すると「そうだよ。点は1秒、丸は2秒あけるんだよ」と言っていました。最後に「上手になったね」と言ってほめました。

○連絡帳（保護者より）

・11月14日　今のところ特に書くことはないのですが、昨日の夜、布団の中でなかなか寝付かれないでいるJに、私もまだ眠くなかったので「じゃあ、少し学校のお話を聞かせてくれる?」と言うと喜んで「いいよ」と、言いました。

それからは、学校での色々な話をしてくれました。その中で特に笑っちゃったのは「先生の特技はね、踊る事なんだよ」と言う事でした。「えっ?」と私が言うと「こうやってね『あら、エッサッサア』」って、布団の上で踊るまねまでやっちゃうのです。これは彼の作り話か、本当の話なのか確かめずにはいられませんよね、先生。〈J君の言っている事は本当です。1年生が飽きてきて勉強に身が入らなくなった時、私はよく踊ります。そうすると、とろんとしていた子の目がたちまちパッチリとして下手な物を使うより効果てき面です。1年生担任は演技者でなければなりません。担任より〉また、遊び時間が楽しいらしく特に、こおりおに、じぞうおになどのおにごっこです。「でも、勉強は辛いよ」ですって。「辛くて大変な勉強の時間を乗り越えるから、休み時間の遊びが楽しいんじゃないの？」と言うと「そうかもね」と分かったような口をきくのですよ。1年生の口から「勉強は辛いけれどね」なんて言葉を聞くとは信じられませんでした。Jを見ている限りでは、勉強が嫌いだ何てふうには見えないんですけれど……。後は女の子の話をしてみたり、それはそれは何でもかんでも楽しくてしょうがないと言う感じでしたが、教室でも本当に楽しそうにしているのでしょうか。いつだったか2日間位、馬鹿みたいに早く登校した事があったんですよね。後日頂いたプリントに〝登校時刻は8時10分～8時20分〟と書いてあるではありませんか。本当にもう、訳のわからない子ですよ。あの時は、何でも誰かにロケット鉛筆をもらうとかもらわないとか言って、親が止めるのも聞かずに学校へ行っちゃったんですが……。〈J君はとても〝子供らしい子〟です。学校でものびのび生き生きしていて、子供らしい良い事も悪い事も一杯しています。時

には、失敗の多い〝サザエさん〟みたいな担任を助けてくれてありがたいです。担任より〉

・3月2日　今日の参観日ではうちの息子（T）も元気よく手をあげていました。前の日に「明日、僕、手をあげるからね。先生、当ててくれるかな？」と言っていました。私も「大丈夫だよ。先生、きっと、当ててくれるよ」と、答えました。最近は毎日のように「今日は、何回発表したんだよ」と楽しそうに教えてくれます。でも、手をあげても当たらない時はちょっとがっかりしています。

〝にこにこつうしん〟毎日、楽しみに読ませてもらっています。先生の言っている〝スキンシップ〟は子供にとってとても大切なようですね。この前、Tが私の膝に頭を乗せて寝転がってきたのです。めったにこういうことがなかったので、私もびっくりしましたが〝にこにこつうしん〟に書いてあることを思い出して、少しの間そのまま黙っていてあげました。すると、本人も満足したのでしょうか、数分間するとはなれていきました。でも、なぜか、この日からあんなにかんでいた爪をかむのをやめました。私は今、やんちゃざかりの下の子にばかり目がいっちゃって、Tには少し〝スキンシップ〟が足りなかった事を思い知らされました。先生の書いてくださる〝にこにこつうしん〟、本当に助かっています。これからも、喜んで読ませてもらいます。参観日の学級懇談は、下の子が風邪を引いてしまいましたので出席出来ませんでした。1年生最後だったので出たかったのですが、残念です。4月から2年生ですが、これからもよろしくお願いいたします。

・3月4日　1年生最後の参観日、子供たちの成長は早いものですね。

わが子の場合、入学当時はおどおど、そわそわして落ち着かない様子だったのが、この1年で、先生の話を聞くときは聞き、自分で考え発表したり、質問したりしました。また、悪い事も沢山覚えたと思います。今回の授業での我が子を見ていますと、発表は何回かしているようでしたが、黒板に書いた問題をノートに書き写すのが遅いんですよね。他のほとんどの子が書き終えているのに、我が子のノートを見ると、まだ5～6題しか書き写していませんでした。今日は大勢のお母さんたちが来ていたので緊張して書くのが遅くなったのか、それとも、いつもあんなふうに遅いのか心配になりました。いつもでしたら家に帰ると「どうしてあんなに書くのが遅いの？　だめでしょ」と叱るところですが、学級懇談の先生のお話を聞いた後でしたので、やさしく「算数の時間出来なかった問題をやっておいた方がいいよ」と言ったところ、子供は素直に「ハイ」と言ってすぐに机に向かってやっておりました。その瞬間、〝あ〜、怒らないで良かったあ〟と思いました。何時《いつ》も先生のお話を聞く度に心にぐさりと思い当たる事ばかりで、私が変わらなければと思っているのですが、なかなか難しくて相当時間がかかりそうです。少しずつなおせたら……と、私も子供と格闘しながらがんばっていきたいと思います。

○教室寸描（1）担任より

何時だったか忘れたんですけれど、生活科で作ったこまを回して遊んでいた時の事です。この日の3校時に体育館で二クラス合同でこま遊びをやる事になっていたのですが、この3校時1時間だけではこまを回せない子が何名かいました。そこで、我がクラスひと組だけが2校時に特別時間を取ってお隣のプレールームに行き、こま回しをしました。実は私はこまの回し方が分からなかったので、これより2週間前に2年生のR先生に習って出来たのですが、いざ、子供の前でやるとさっぱり上手《うま》く回りません。私が出来ないと分かった子供たちは教師を当てにしないで、子供同士で教えあって自由にやり始めると、この1時間で5〜6人の子供が回せるようになりました。私が「出来ない」「出来ない」と言っていると「先生、下手だからさ」とある男の子に言われました。私はカッとなったのですが、心理学の事を思い出して、やっとの事で自分の気持ちを抑えてその子には何も言いませんでした。良く考えると、下手なのは事実だからです。でも、このままこまを回せないで終わったら、教師のこけんにかかわるので、中休みになるとすぐまた、2年生の今度はW先生の所へ行って、R先生とは別のやり方で教えてもらいました。すると、やっと回す事が出来て内心ホッとしました。1年生が回せて担任が回せないとなると……。勿論、次の時間児童の前で私がこまを回すと、「先生、回せるようになって良かったね」と、子供たちは素直に喜んでくれました。だから、私は1年生って大好きです。

ところで、私がここで皆さんにお知らせしたかったのは、たとえ1年生でも担任が出来ない事でも、自由にしたら子供同士で教え合って上手に出来るようになるのです。ここでも、〝自由〟の大切さを思い知らされました。子育ての〝放任〟は絶対にいけませんが、〝見守る教育〟つまり、大人の目は子供から離しませんが、子供の心は〝自由〟にしてあげる事が大切なようです。

○教室寸描（2）担任より

私は国民の祝日については1年生でも分かる範囲で皆で考える事にしています。あれは

11月23日の勤労感謝の日の事でした。私が「勤労感謝って、何の日だか分かるかな？」と聞くと、さっと手をあげたL君曰く「金曜日に感謝するする日かな？」と。「L君、すごい考えだね。でも、この日は火曜日だよ」と言うとL君「あっ、そうかあ、じゃあ何の日なんだろう。僕の誕生日でもないし……」には私も苦笑してしまいましたが、この発想が可愛いではありませんか。このL君のように自分の考えをパッと出せる子にしたいですね。もちろん、この答はあっていなかったにしても私はこの時L君をうんとほめてあげました。ちなみに私だって大人の今もそのような発想は出来ません。

○教室寸描（3）担任より

9月ごろの事、グラウンドで体育をしていました。転がしドッチボールをしようと思ってその説明をしていると、機体に大きく絵を描いた飛行機が低飛行をして子供たちの上を飛んでいこうとしました（近くに旭川飛行場があるのです）。すると、Q君がいきなり「あっ、面白い飛行機だ」と叫んだので、皆、飛行機の方を見て勉強になりません。私が「皆、今、お勉強中だよ。こっち見て！」と言うと、またQ君がすかさず「先生、このお勉強なんかいつでも出来るけど、あのめずらしい飛行機なんかめったに見れないよ。皆で見ようよ」と言うと、他の子も「そうだ、そうだ」と言い、結局その時は皆で珍しい飛行機を見る事になりました。でも、後で考えてみるとQ君の言った事が正しかったんですよね。あの場合、1年生に無理に勉強をさせようとする事自体、間違いでした。ここでも、担任は1年生に教えられました。

○教室寸描（4）担任より

これは我がクラスの子供ではなく、隣のクラスの子供の事なのですが、ユニークでとても楽しかったのでお知らせします。

4月の下旬の家庭訪問の時の事です。我がクラスの子供の家が分からなかったので、丁度通りかかった2組のＪ君に聞くと、私についてきて教えてくれました。玄関先で「ありがとう。先生、Ｊ君のおかげで助かったわあ」と言ってから「さようなら」と言うと、訪問先のＵ君のお母さんと顔見知りらしく「あら、Ｊ君も一緒に来たの？　じゃあ、Ｊ君も一緒にお入り」と言われて、私と一緒に入ってきました。Ｕ君のお母さんはこの日は寒かったし、教師の案内をしてくれたので、そのお礼も兼ねて家に入れてくれたのかもしれません。すると、Ｊ君も私と一緒に居間に入り、ソファにも一緒にすわり、私とＵ君のお母さんの話を聞いているではありませんか。そして、私と一緒にお茶菓子もいただきました。ここの家庭訪問では、J君に聞かれても都合の悪い話はなかったので、私は何も言いませんでした。U君の家庭訪問が終わると、また、私についてきました。次の家は私も分かっていたので、「お母さんが心配したら困るから、お家へ帰った方がいいよ」と言ってJ君を帰しました。私が黙っていたら、J君は最後までついてきたかもしれません。この時、私は教師になってから30年たっていましたが、こういう経験は初めてでした。1年生って面白いな。

【学級通信　にこにこつうしん（パートⅡ）】2年生　1994年（平成6年）4月

○児童の家庭学習ノート（担任⬍児童　ラブレター）

・4月16日　2年生になって……ぼくは1年生になってよくこと、なわとび、スキーができるようになりました。でも、とびばこやてつぼうのさかあがりがまだできないので、2年生でがんばりたいとおもいます。さいごまでやりぬく2年生になりたいとおもいます。

・4月17日　先生、ラブレターをどうもありがとう。うちの犬のらもちゃんがはいえんでにゅういんしていたんだけれど、しんじゃったの。みんなはしぬとはおもわなかったのに……そのとき、ぼくはプールに行っていたんだけれど、かえってくるとおかあさんから「らもちゃんがしんじゃった」ときいたので、ぼくはがっかりしてきゅうにさみしくなったよ。

・4月17日　ぼくは先生がだいすきです。先生もぼくのことがだいすきですか。先生もみんなとあそんでくださいね。いそがしいときはむりをしてあそばなくてもいいですが……。先生もたくさんおべんきょうして、ぼくたちにもいっぱいおしえてくださいね。

・4月17日　先生、ラブレターをありがとう。学校にきてから学習ノートをみるとおもしろいことがかいてあったので、みんなのにもかいてあるのかな？　とおもって見てみると、やっぱりおもしろいことがかいてありました。先生、さんかんびではっぴょうをがんばりますから、たのしみにしていてね。

・4月19日　きのうのさんかんびにおかあさんがきてくれました。でも、わたしははっぴょうをしませんでした。なぜなら、じしんがなかったからです。これからはじしんがでるようにがんばりたいです。

・4月19日　先生、ラブレターをどうもありがとうございました。きのうのさんかんびにはおかあさんがきてくれました。でも、Y子は1かいもはっぴょうをできませんでした。だから、いえにかえるとおかあさんに「なんではっぴょうしなかったの？」ときかれましたが、なぜだかじぶんでもよくわかりません。

・4月20日　先生のいえのチョメはしゅじゅつを3かいもしてかわいそうだね。はやくなおるといいね。N子しんぱいだよ。先生もしんぱいでしょ。

・4月22日　先生、ラブレターをありがとう。先生のチョメはげんきですか。ときどき、先生のうちのとなりにあるのぞみこうえんにあそびにいくからまっていてね。チョメはねことけんかをしませんか。

・4月22日　ぼくのお母さんね、先生とトーヨーホテルへいくんだって。〈ＰＴＡの歓送迎会です。担任より〉いいなあ。ぼくもいきたいなあ。おかあさんね、先生にまけないくらいごちそうをいっぱいたべるんだってさ。

・4月23日　なにをかくんだったっけなあ。あっそうだ、きのう、先生がかていほうもんにきて、ぼくもいっしょにおかしをたべたんだよ。よるはおかあさんといっしょにおふろにはいって、お母さんのせなかにおゆをバシッとかけたんだよ。

＊　＊　＊　＊　＊

〝家庭学習ノート〟を作ると、せきを切ったようにたくさんの可愛いラブレターが担任の所に届きました。子供らしく素直に自分の気持ちを書いていて、子供たちがますます可愛くなりました。ちなみに、このノートについては私は一切強制していません。全部、子供たちが自主的に書いた物ばかりです。〈担任より〉

○宿題の感想（お家のひとより）

・4月19日　前回の国語の朗読の宿題の時、私に聞かせてくれなくてもうるさく言いませんでした。今日もまた、前回と同じような事をしようとしたので、私は怒りました。すると、涙を流しながら読んでいました。最後になるとすらすら読めて大変上手になりました。漢字で分からない所がありましたが、1～2度教えたら、覚えていました。家庭学習は昨日、張り切って2ページやりましたが、今日は「1ページ、やる」と言っていました。少し、手を抜いたようです。（母より）

・4月20日　国語の〝うしろのまきちゃん〟を6回読みました。すらすら読めたと思います。本の内容が聞いている私にも良く伝わり、主人公の男の子に感心しました。子供がこの続きを練習するのを聞くのが楽しみです。〈残念ながら2年生になると時間が足りなくて、1・2班が1〜3の場面、3・4班が4〜6の場面と言うように練習しているので、1年生の時のように全員に同じ場面を練習させている訳ではありません。そこで、宿題にならなかった場面も自主的に練習してほしいと思います。特に朗読の不得手な人は担任からも個人的に言われているはずですから、お子さんに聞いてみてください。これも立派な家庭学習ですから、お家の人が〝家庭学習ノート〟にその感想を書いてあげるとお子さんの励みになりますね。担任より〉

○お母さんより

・4月21日　先生が「家庭学習は何でもいい」と言ってくださったので、うちの子は先生へのお便りを毎日欠かさず書いて提出しています。D子は手紙を書く事が大好きなのです。この間も〝家庭学習ノート〟がスタートしてから「Dちゃん、お母さんに〝家庭学習ノート〟を見せて」と言うと、先生からのお返事をとても楽しみにしていて早く先生からお返事がほしいのか「学校の休み時間に書いて出しちゃったあ」とニコニコして言うのです。〝家庭学習ノート〟に交換日記のように先生へのお手紙を書く事はすごくいい案だと思います。特にD子のように学校ではおとなしい子にとっては、普段の学校生活で先生とつながりを持つのはとても難しい事です。でも、手紙であれば先生と子供のコミュニケーションが取れるし、それに何よりも子供が楽しく書けるということがとても素晴らしいと思います。また、手紙を書く事も読む事も国語の勉強になっていいですね。

私も二人の子供を持つ母として最近つくづく考えさせられる事は、小学1~2年生の習慣が高学年まで続くと言う事です。子供は大人と違って1つでもほめてあげると、そのことに対して一生懸命がんばろうとします。私もこれからは少しでも子供とのふれあいを大切にしたいと思います。

＊　＊　＊　＊　＊

子供にも色々な子がいて、上記のお子さんのように書く事が好きな子もいれば大嫌いな子もいます。私は特に嫌いな子には強制したくないですね。そういう子には別な方法で指

導していきたいと思います。〈担任より〉

【学級通信　にこにこつうしん（パートⅡ）】２年生　１９９４年（平成６年）５月

○家庭訪問終わる（担任より）

６日間で35家庭、全部を回らせてもらいました。１軒のご家庭に居る時間は一定にはなりませんでした。理由は子供一人ひとりに個性があって違うと言う事とお母さんもまたお一人おひとり違うので担任の滞在時間が違って当然と私は思っているのです。「うちは短かったので、家の子は担任にきちんと見てもらっていない」のではありませんので、お母さん方もその辺はご理解ください。従って、当然予定時間を大幅に遅れてご迷惑をおかけした事をお詫《わ》びいたします。どうも済みませんでした。私は児童が歩いて通学している事から、家庭訪問も担任が実際に児童の歩く道を歩いてみなければ……という主義です。だから、なお、訪問時間が遅れる事に拍車をかけたかもしれません（ちなみに、私は車には乗れませんが、自転車には乗れます。ハイ）。私を感激させたのは私の予定表通りに皆さんが日程を合わせてくれた事です。私が予定を立てる前に２～３人の方が家庭訪問の日程を指定してきましたが、これが5人以上になると予定を立てる担任としては大変苦しくなる訳です。これからもたくさんの担任が家庭訪問に伺うと思いますが、1年に一度の事ですから出来るだけ担任に合わせていただけると、私のようにたくさんの荷物（訪問先から直接自宅へ帰るため、家庭学習ノートなど）を持って歩く教師にとっては大変嬉しく思います。御協力、大変ありがとうございました。

私の場合、家庭訪問の最大の成果は訪問時間を比較的長く取ったせいもあって、担任と個々のお母さん方とのコミュニケーションが取れたという事です。お話の中には「第1回目の参観日の学級懇談が短かった」とか「夜、担任をも入れた茶話会をしてほしい」と言う要望も出ていました。お母さん方も面従腹反《めんじゅうふくはん》（顔では担任に同意していても心では反発している事）にならずに本音を出してくださって大変、大変、大変嬉しかったです。これからも私に対して反対意見がございましたら、どんどんおっしゃってください。ドイツのある大学教授は、その教授に対して反論する学生を可愛がるそうです。何でもかんでも反対すると言うのではなく、我がクラスの子供たちのように色々な考えを出して皆で議論をしていきませんか。学級懇談は教師の一方的な話で終わってはいけないと思います。第一そういうのは学級懇談ではなく、担任の講演になりませんか。2年1組の学級懇談は本当の意味の建設的な懇談にしたいと思います。そして、お母さんたちが懇談に残って良かったという懇談にしたいのです。このように膝《ひざ》を交えて家庭訪問をしていると、お母さん方もお子さんに対して色々な悩みがある事も分かりました。こういう悩みを学級懇談で話し合っていきませんか。表面的には我がクラスは穏やかです。でも、去年はいろいろな事がありましたが、お母さん方の協力でほとんど納まりました。小学校の時にいろいろな事がある方が将来、立派な大人になると言う事をお忘れなく……。子供は一生のうちで一度は親を泣かせると言います。それじゃあ、親は子供の小さいうちに泣かされた方がいいと思いませんか。

次回の学級懇談の時、小学校時代〝よい子〟過ぎたので大人になってから悩んでいる人のお話をいたします。

○お母さんより

・5月6日　先生、今日のようなこんな悪いお天気にまさか遠足が実行されるとは思いませんでした。だから、私は勝手に解釈して、遠足は多分月曜日に延期になるから鞄で登校するようにと子供に指示しちゃったんです。おにぎりをご飯に代えてお弁当にして学校に行くようにと子どもに言い、私も仕事に出かけました。するとどうでしょう。遠足は予定通りにやったんですね。もう、今日という今日は本当に子供に謝っています（前にもこんな事があったかな?）。Mは何度も「学校から（連絡網を通しての）電話がこないから今日は遠足があるんだよ。お母さん!」と言っていたのに……私は本当にこんな日に遠足があるとは夢にも考えていなかったのです（昨日まで雨続きだったし……）。仕事先から暇を見つけて家に電話をすると、私の母に「遠足に行った」と言われて、もういてもたってもいられない思いでした。何の用意もしていなかったので、どんな事をしていったのかな?　着る物はどうしたのかな?　と心配になり、ちょっとだけその姿をこの目で見ることが出来たら自分も安心できると思って現地に行ってみました。車だったらわからないと思っていたら、Mがいち早く私の姿を見つけて「先生、先生、うちのお母さんがいる」と言い出し、私もあせっちゃいました。先生には「何て過保護な!」と思われているんじゃないかと思って私はここで一生懸命弁解をしております。私の母には「どちらにしても両方の用意ぐらいはしておくものだ」と言われるしで、何を言われても返す言葉がありません。完全に母親の私の不手際ですから……。２年生になって、母も学校に慣れてきてほんの一寸の油断と疲れの出来事でした。今日から母はまた、気を引き締めて子供と向き合います。でも、これでもう1つ彼が大人になってくれたら幸いと信じつつ……。万全を期してあげられない時は、こんなハプニングがあってそれでも彼が自分なりに考えてやっていけばいいと考え、これを機会にまた1つ成長してくれたら……と思っています。朝は泣きながら出かけていったと言うMも帰ってきたら、遠足が楽しくてしょうがなかったのでしょうね、水筒も持たせてやらなかったのに、もう、友達と元気に遊んでいました。「M、ごめんね、許してくれる?」とほっぺたをくっつけて言うと「いいよ」と、もう朝の事は忘れているみたいでした。

＊　＊　＊　＊

私も右記のような事があったとは全然知らなかったので、M君のお昼のお弁当の事は気にもかけていませんでした。お母さんからの連絡帳を見て「ああ、そんな事があったのかあ」と思った次第です。でも、我がクラスの子供たちは学校である程度心を自由にしているし、担任もまた、このお母さん以上にたくさん失敗をしているので「こういう時はどうしたら良いか」というとっさの判断力は、2年生にしてはついていていると思います。子育てをする時、しっかり者のお母さんより、少しおっとりしていて細かい事にぎゃあぎゃあ言わない大らかな人の方がいいようですよ〈担任がしっかりしていないから言う訳ではありませんが……〉。その方が子供には自主性、創造性がついて意欲と思いやりのある子になるようです。いやあ、私なんか教室では子供とどっちが先生だか分からない時があります。私は〝先生〟というものは「先に生まれただけ」としか思っていない教師です。困ったものですね。〈担任より〉

＊　＊　＊　＊

5月17日に、あるお母さんからD子ちゃんが、数人の男子に攻撃されているという連絡が担任にありました。

こういう事はすぐに対処しなければならないので、まず、クラス全体に個人名を伏せて注意をした後、D子ちゃんに個人的にまだ悪戯をされているかどうか聞きました。すると、ほとんどの子は止めたけれどまだ、ひとりだけやめない子がいると言う事でした。そこで、その子を個人的に呼んで「D子ちゃんはその事を夢にまで見て、夢の中でも泣いていたんだって」と言うと、彼は真剣に聞いていました。そして「もう絶対しない」と私に約束してくれました。D子ちゃんにはまたそういう事があったら、すぐに私に言うように伝えました。また、学級懇談でも匿名でそういう事実があった事を保護者の皆さんに教えました。そして、こういういじめのような事があったらD子ちゃんのお母さんのようにすぐに担任に知らせるようにとお願いしました。いじめは小さいうちに解決する事が大事だと思います。〈担任より〉

【学級通信　にこにこつうしん（パートⅡ）】2年生　1994年（平成6年）6月

○お母さんより

・6月1日　運動会も晴天のうちに終わり良かったですね。ご指導してくださった先生方、お手伝いの上級生、そして競技を一生懸命やった子供たち皆、ご苦労様でした。我が子は二人参加しているので見ごたえがありました。2年生は人数が少ないので少し寂しいなと思っていたら、1年生と一緒にやったリズム〝オーレ、オーレ、イレブン〟は元気があって良かったです。それから、5年生の〝ソーラン節〟も舟をこいでいる様子が目に浮かぶようで、力強いなあと感激して見ていました。運動会の進行もほとんど上級生の子供たちがやっていて、私が子供のころとは随分違うなあと思いました。午後からは少しダラダラと時間がたったように感じましたが、〝6年生のリレー〟は、さすが6年生と思いました。どの子も速くて面白かったです。最後まで楽しませてもらい、ありがとうございました。

・6月1日　運動会は去年とはまた違って、各学年が色々と趣向をこらしていたのがとても良かったと思います。1年生の徒競走を見て、B子たちも去年はあんなに小さくて可愛かったのかなあと思い、月日のたつのが早い事を実感しました。先生も2年生の出番と係の仕事とお忙しかったですね。次の日はぐったりだったんではないでしょうか。それなのに、今日また〝にこにこつうしん〟が出てきたので感心しました。B子が今日帰ってきて「クラスの皆が賞状をもらったんだよ」と言いました。でも、我が子は徒競走で3位までに入らなかった事を思い私が「来年がんばろうね」と言うと「だって、皆の方が早いんだもん」と、今から諦《あきら》めています。もう少し、皆に負けたくないという気持があってもいいのに……と親は思っています。でも、本人は今は友達と遊ぶのが一番のようです。

・6月2日　運動会の朝は、やはり楽しみなのかいつもより早く起きました。「今日、頑張ってね」と言うと「うん」と言いながら張り切って行きました。やはり、2年生になると走り方も1年生よりはたくましくなり、リズム〝オーレ、オーレ、イレブン〟もちゃんと踊っていたようです。踊りと言えば、保護者も参加の全校踊り〝Tっ子ばやし〟を私も学校の練習でしっかり覚えたつもりでしたが、当日、いざ子供たちと踊ってみると、ところどころ忘れていました。たまたまその時、先生の後ろにいたものですから、先生のを見ながら踊ったのですよ。家に帰ってからSに「お母さんの踊りどうだった？」と聞いてみると、「たまに間違えていたけれど、上手だったよ」と、反対に我が子にほめられて恥ずかしかったです。

＊　＊　＊　＊　＊

我がクラスでは運動会の賞状を1枚ももらわなかった子が11人いましたので、遅ればせながら、昨日、担任の名前で〝がんばったで賞〟をその子たちにもあげました。理由は3等までには入らなかったけれども、途中で止めずにビリになっても最後まで皆一生懸命頑張ったからです。ちなみに、担任の子供のころはと言うと……いつもビリでした（この事は先日の学級懇談で保護者の皆さんには勿論、子供たちにも教えてあります）。でも、1回だけビリから2番目という時がありました。それは私の前に走っていた子が転んだからです。子供たちに「先生はいつもビリなのにその時はどうしてビリから2番目になったと思う？」と聞くと「先生が一生懸命走る練習をしたから」とか「速く走れるように足に何かを塗ったから」などとこれまた子供らしい色々な考えが出ましたが、ひとりだけ正解者がいたのには、私の方がびっくりしました。でも、その子になぜ知っていたのか理由を聞くとその子も幼稚園の時、何時もビリだったけれどやはり自分の前に走っていた子が転んだので、ビリから2番目になったそうです。自分の経験から言ったのですね。だから、担任も走るのが遅い子の気持ちは良く分かりますよ。従って私は運動会は大嫌いでした。でも、踊るのは好きだったのでリズムだけは喜んでやりました。私が子供のころは3位までの子は賞品を何時もたくさんもらっていましたが、走るのが遅い子は何時も参加賞だけです。今のように賞状だけならまだいいけれど、1年分ぐらいのノートをもらう子もいて国語や算数がいくら出来てもこんなにもらえないので、不公平だなあといつも私は思ったものです。

【にこにこつうしん】（担任より）

○担任、大失敗する！（すみません）

10日（金）に配布しなければならない学年通信を忘れてしまって、子供たちを帰してしまってから気づいたのですから、大変でした。でも、掃除で残っていた子供たち、11人に（本当は10人なのですが、他の班の子、ひとりだけが自主的に手伝ってくれていたのです）掃除でない子の家を聞いてみると、全員の家が分かって配達してくれる事になりました。いやあ、この時ぐらい2年生を頼もしく思った事はありませんでした。1年生ならこうはいかなかったと思いますよ。2年生でよかったあ。どうもすみませんでした。

○お母さんより

・6月9日　この間の参観日の懇談会は、先生や他のお母さん方のいろんなお話が聞けて大変参考になりました。話は変わって、国語の教科書の漢字の横にかなをふっていいかどうか先生に聞いてほしいとMが言うものですから、〝連絡帳〟に書きました。Mがその漢字を覚えるまでいいのでしょうか。

・6月10日　今日は昨日から国語の漢字を読めないのを気にしていたようでした。「横になをふっても怒られない?」とか言って不安そうでした。そして、朝起きると、「お腹が痛い」と始まったのです。昨日あんな事があった後の今日ですから、もしかして学校をずる休みでもしようとたくらんでいるのではないかと思って、8時25分までほおっておきました。すると、テレビを見ていましたが、私の顔をみると痛そうにするので、その時は本当に痛いのかな? とも思いました。「治ったかい?」と聞くと「いや、すごく痛い」「学校はどうする? S(弟)が幼稚園に行く時、送るよ」「ダメだ、凄《すご》く痛い」「じゃあ、病院へ行こうか?」「うん、わかった」「病院では注射をするかもよう?」「いいよ、わかったよ」と言うので「ああ、やっぱり痛いんだなあ。風邪でもひいたのかなあ」と思って、早速、学校へはそのように連絡しました。ところが、弟を送って帰ってくるとケロッとした顔をしてテレビを見ていました。「あれ、お腹痛くないの?」と聞くと「ああまた痛くなってきた」ということで、それからまたゴロゴロしていましたが、しばらくしてすごく元気になりました。何だか治ったみたいです。それから、2時過ぎにU君、K君が学級通信を持ってきてくれました。U君たちが帰ろうとしたら、Mが遊びたそうな顔をしていたので、私が「入んなさいよ」と言うとK君が遠慮しがちに「いいの？」と聞くので「うん、いいよ」と言うと「風邪、治ったの？」とまた、聞きました。「Mはね、風邪じゃなかったんだよ。うんこがつまってお腹が痛かったんだってさ」「ふうん」それから、仲良く3人で遊んでいました。私も学校を休ませたので、友達と遊ばせてこれでいいのかな？　と思ったのですが、先生の〝自由〟と言う言葉を思い出して遊ばせました。でも、このような時はこれで良いのでしょうか。

＊　＊　＊　＊　＊

右記のお母さんの場合、これで良いと私も思います。私もこのお母さんだったらそうしたでしょう。学校でもそうですが、特におうちにいる時は人に迷惑をかけたり目に余る我がまま以外は出来るだけ〝自然〟にしておいて欲しいと思います。さて、分からない漢字の横にふり仮名をつけると言う事なんですが、担任としてクラス全員にそれを勧める訳には行きません。しかし、これも個人差があるので、読む事が極端に苦手な子に対しては覚えるまで、振り仮名をつけても良いと思います。但し、練習もしないで振り仮名をつけっ放しと言うのは良くないです。一生懸命練習して覚えたらふり仮名を消すと言う条件つきなら、教科書にふり仮名をつけてもいいですね。〈担任より〉

○お母さんより

・6月14日　今日の家庭学習は久しぶりに漢字の練習を自分から張り切ってしました。随分、やる気があるようです。学校での発表も「今日は何回したよ！」とか「間違った発表をしたけれど、先生に『間違った発表をするのは勇気がいる事なんだよ』と言ってほめられたさあ」と、嬉しそうに教えてくれました。それから、「体育の逆上がりがすぐ出来るようになった」といばったように言って喜んでいました。実は母の私は鉄棒が苦手で逆上がりをA子にどのように教えようかと心配していたので、A子のこの言葉を聞いてホッとしました。「すごいねえ、うらやましい。ママなんか出来ないのに……」と言ったら「A子が教えてあげる」ときました。今度、親子で一緒に逆上がりをやってみようと思います。

○「間違えてもいいから」↓「間違えた答を言おう」に変えました。〈担任より〉

実は右記のA子ちゃん、担任が右記のように答え方を変えてから発言が多くなったような気がします。私たち大人は今まであまりにも正しい答にこだわり過ぎていたようですね。間違える事がそんなにいけない事でしょうか。十人十色で、10人いたら皆考え方が違っていいんじゃあないのかな？　と私は思うんですけれど……。昨日の国語の授業でB子ちゃんひとりだけが他の子と違う考え方を出しました。私はこの時、2つの理由でB子ちゃんをうんとほめました。1つは自分だけ違うのによく手をあげられたという事、もう1つは、しかもそれが間違えていたんですよね。自分の失敗や間違いを話すのと、自信のある事や自慢を話すのとでは、その人の人間的価値はどちらにあると思いますか。私は勿論、前者だと思います。さて、この時のB子ちゃんは自分だけ間違えていた事に気づき涙ぐんでいましたが、その姿を見て私はまだこのクラスには〝間違えてはいけないんだ〟という考えがあると思いました。B子ちゃんがひとりだけ間違えた答を言っても泣かなくなったら、このクラスも〝間違えても何でもないや〟いや〝間違えた答を言おう〟という気持ちにクラス全員がなった時だと思っています。個性的な色々な答を出させるためには、まず、担任も率先して間違えて〝なあんだ、先生も間違うんだ〟と言う安心感を児童に持たせる事が必要なんですね。私はまず、子供たちの心を〝自由〟にし、次に〝リラックス〟させようとしています。

昨日も面白い事があったんですよ。C君がとても面白い事を言うので、私が「C君って、楽しいね」と言うと「母親似ですから……」と言ったんです。確かにお母さんも面白くて楽しい方なんですけれど、C君のその言い方がこれまた、面白いと思いました。この事は、勿論、お母さんに知らせましたよ。すると、お母さん、大笑いしていました。子供の発言で私は1日に1回は笑わせてもらっています。子供って楽しいですね。下手な落語を聞くよりも面白いです。反対に私の方が子供たちにお給料をあげたいくらいです。こんなに楽しませてもらっているのですから……。私はこういう時、つくづく小学校の教師になって良かったなと思います。そして、皆さんのお子さんたちの担任になって良かったと感じています。

鉄棒の事なんですけれど、実は私、鉄棒が出来ないんです。それで、お隣のJ先生が2クラスまとめて指導してくれているんですが、A子ちゃんが鉄棒を出来るようになったのは、きっと、J先生の指導が良かったからだと思います。では、私はその時何をしているかと言うと、出来るようになった子をほめて、出来ない子に対しては手助けをし「もう少しだ」などと言って励ましています。学校の先生は何でも出来ると思われがちですが、そうでもないんですね。私みたいのもいるのです。ハイ。でも、教師だって人間ですから出来ない事もあります（最も私は少しあり過ぎですけれど……）。そういう時は教師同士お互いに助け合ってやっていけば良いんじゃないでしょうか。また、その方が子供たちにとっても教育的にいいと考えます（これは、出来ない事のある教師の勝手な考えでしょうか）。

【学級通信　にこにこつうしん（パートⅡ）】２年生　１９９４年（平成６年）７月

久しぶりにお便りを出しますが、ご家庭の皆様お元気でしたか。学級通信も書き出すと、多い時は1日に3～4枚も出してお母さんたちの目を回せます。ところで、出さないとなると今回のように1ヶ月近くもご無沙汰で「この先生どうなっちゃっているんだろう？」と思っていらっしゃる方もいらしたんではないでしょうか。本当に困った担任ですね。

○クラスの良い所はどんな事？

と、先日、子供たちに聞いてみました。すると、出るは、出るは……次々と出てきましたよ。左記いたしますが、クラスの良い所がすぐに出てくるとは、担任としては嬉しいですね。
・よく発表する
・切り替えが早い（次の行動にすぐ移れる）
・歌う時、声が大きい
・反応がある
・返事が良い
・並び方が早い
・行儀が良い
・集会の時の態度が良い
子供たちからはこれくらいでしたので、後は担任が付け加えさせてもらいます。
・正直である
・優しい子が多い
・子供らしい子が多い
・担任の言うことをよく聞く（担任として一番嬉しいです）
・ユーモアがあり、楽しい学級である（担任も1日に1回は大声で「アッハッハ」と笑っ

ている）

・男女仲が良い

悪い所は子供たちに聞くのを忘れていたのですが、勿論、ありますよ。すぐ思いつくのは〝忘れ物が多い〟ですね。これは我がクラスのワースト1です。

でも、これだって子供が悪いと言うより担任がきちんと指導しないからです。つまり、担任があまりうるさく言わないからだと思います。次に悪い所はそうそう、給食もよく残しますね。この理由も〝忘れ物〟と同じです。これを読んで「あらあら、この2つの悪い所は1年前と同じでないかしら？」と思われるお母さんたちも多いと思います。そうなんです。〝意欲〟と〝思いやり〟を重視している担任にとっては、この2つの悪い事は中々なおらないと思いますよ。さて、お宅のお子さんの長所はどこでしょう？　ぜひ、言ってあげてください。きっと、喜ぶと思いますよ。

○おばあちゃんより

・7月3日　国語の教科書〝きつねのおきゃくさま〟を孫が読んでそれを聞いた感想です。

久しぶりに教科書を読んで聞かせてくれました。声も大きくてはっきりと読んでいましたが、残念な事に1回目に読んだ時、〝少し〟と〝帰る〟の漢字が読めませんでした。でも、2回目から上手に読めるようになったのでほめると、喜んでいました。

＊　＊　＊　＊　＊

おばあちゃんからのお便りは初めてです。担任は感激しました。大変嬉しかったです。

【学級通信　にこにこつうしん（パートⅡ）】2年生　1994年（平成6年）8月

○感激しました！

夏休みに入って間もなく、クラスのあるお母さんから我が家にお電話がきました。内容は通知箋の行動欄で、ある項目に〝もう少し〟（この評価は3段階になっていて、〝もう少し〟は一番下のランクです）がついていたんだけれど、その理由を教えて欲しいという事でした。その項目は大事なので、このお母さんも子供に対してとても気をつけていただけに気になったそうです。そこで、私は理由を具体的に説明すると、お母さんは「前に親戚からもうちの子については、先生に言われた通りの事を指摘された事があるので良く分かります。では、それをなおすためには親としてどのようにしたら良いでしょうか」と言うのです。

そして、「私は先生とのコミュニケーションが出来ていたので、自分の疑問を率直に尋ねる事が出来ました」とも言ってくれました。このお母さんの一言一言全てに私は感激しました。特に素晴らしいと思ったのは〝悪い項目をなおすために親としてどうしたら良いか〟と言われた事です。今までも教科については保護者の方からお電話を頂いた事はありますが、このように行動欄については今回が初めてです。一般的に〝通知簔について担任に聞く〟と言うと、何か文句を言うようで聞こえが悪いのですが、こういうお尋ねでしたら、私は大歓迎です。このお母さんの我が子に対する情熱がひしひしと伝わってきました。

○出来ない子の気持ちが良く分かりました。

夏休み中、担任もある施設へ行って体力テストを受けました。すると、私の体力から考えると、水泳かジョギングをすると良いと言われましたが、ジョギングは自信がなかったので、水泳をする事にしました。これなら年を取っても続けられるからです。週1回習う事にし、今までに2回やりました。運動神経の鈍い私の事ですから技術の方はあまり期待をしていませんが、習う生徒の気持ちは良く分かり、それだけでも水泳を習ったかいがあったと思っております。私は水泳は下手だから、特に出来ない子の気持ちが良く分かりました。下手だから習いに来ているのに指導者に「どうして出来ないの？」と言われると、大人の私は「じゃあ、止めた」と言う気持ちになるのです。特に出来ない生徒にこそ、少しでも良い所を見つけてほめるべきではないのかな？　水泳の教師も心理学を勉強して欲しいとつくづく思いました。また、先生は子供に対する態度と大人に対する態度では全然違うのですね。私が子供だったらすぐに止めていますよ。

　公立学校の生徒は教師を選ぶ事は出来ませんが、水泳はいくらでも選べます。ですから、学校の教師である私も気をつけなくちゃあと思いました。〝医者は一度患者になる必要がある〟とある偉い医大の先生が言っていましたが、〝教師も一度（いや、何度もかな？）生徒になってみる必要がある〟と私も思いました。医者の場合、健康であれば一度も患者になった事がない人もいるかもしれませんが、教師は子供のころ必ず生徒になっているはずなんですけれどね。〝のどもと過ぎれば熱さを忘れる〟というところでしょうか。勿論、自分を含めて人間って愚《おろ》かな者だと思いました。よく〝経験した者でないと分からない〟と言いますが、教師は子供時代の事は経験していてもとうの昔の事なので、もう、忘れてしまったというところでしょうか。しきりに、自己反省しています。

○学級通信は……

先日、職員室でS先生が一生懸命、学級通信を作っていたので「先生の学級通信は、カットも入っているし余白もあるので読みやすくていいですね」と私が言うと「片倉先生より10号くらい少ないから頑張らなくちゃあ」と言いました。そこで「こればかりは〝たくさん出せば良い〟というものではないんじゃあないかな？　私みたいにたくさん出したっていつもワンパターンじゃね。工夫すればいいという事は分かっているんだけれど……」すると、A先生「僕はまだ4号かな？」「4号ならまだいいよ。うちは2号だ」とQ先生。「私も高学年を担任した時年間5号しか出さなかった時があったけれど、たまにしか出さないとお母さん方も隅から隅まで何度も読んでくれるよ。掃除機の手を休めて3度も読み返したというお母さんもいたよ」と私。

学級通信も出さないより出した方がいいんでしょうが、やはり、これも内容によると思います。その教師によって色々な考えがあるので、学級通信を出さなくたって他の事で頑張っている人もいるし……。私の場合は毎週出す学年通信のように〝年間何号出そう〟何て計画していないんですよ。学校行事、学級内の出来事、児童の作文などで保護者の皆さんにお見せしたい事があったら、書くようにしています。すると、お母さんたちの反応が実に良いのですね。つまり、お母さんたちも連絡帳にどんどん書いてきてくれるという事です。それに、子供たちも自分の作文がのっているととても喜んでくれるし……（児童の作文がのっていると出来るだけその文をクラスの児童に読んであげます）。私の場合、こういうお母さん方と子供たちの反応に支えられて、気がついたらNo.73まで書いていたという事です。私は出来るだけクラス全員の子の作文をのせるようにしているので、号数などすぐに増えてきます。ただ、なぜワンパターンになるのかと言うと当たり前の事ですが、私の仕事は学級通信を書くだけではないのですね。従って、これだけの号数を出すのにあまり時間をかけていられないのです。だから、私は〝中身で勝負する〟と割り切りました。

〝中身で勝負する〟とは、学級通信をお母さんたちが喜んで読むと言う事です。我が子の作文や同じクラスのお母さんたちの文がのっていたら皆さん読みますよね。カットもなくて変化がなくて、読んでくださるお母さんたちには申し訳ないのですが、これだけお母さんたちが書いてくださるクラスも全国でもあまりないのではないかと私は自負しています。これが、私の学級通信の特徴です。季節のカットを入れたり、新聞のように割付に気を配っていたら、私の場合年間10号も出したら良い方だと思います。お母さん方、今年度はこれで我慢をしてください。

私が学級経営をする中で一番気をつけているのは、学級通信を出す事ではないのです。それは児童や保護者との人間関係、つまり、信頼関係です。しかし、それを築くために私は学級通信を出すのです。

「先生には悪いんですけれど、先生は学校の教師と言う感じがしないんですよね。まるで、スーパーでよく会うような買い物かごを下げた隣のおばさんという風で……だからこそ、気安く何でも喋《しゃべ》れるし、〝連絡帳〟にも鉛筆でばんばん書けるんですよ」と、あるお母さんがおっしゃいましたが、私にとって悪いどころか最高のほめ言葉です。本当に嬉しかったです。ありがとうございました。私は、見るからに学校の先生らしいというのは嫌いなのです。これは蛇足《だそく》ですが、私は字が下手なので、お母さんたちも緊張感なしで気軽に〝連絡帳〟に書けるんではないかと、都合のよい方に解釈している自分勝手な教師です。

【学芸会を終えて】

○ご声援、ご協力ありがとうございました。（担任より）

学校の三大行事（運動会、学芸会、卒業式）である学芸会も無事終了する事が出来ました。これもひとえに保護者の皆様のお陰と深く感謝いたします。衣装を初めとして色々とご協力、ご声援くださいまして誠にありがとうございました。

我がクラスでは一家庭から９人も見に来てくださったのを最高に、トータルして１０２人の方々が見てくださいました。こんなに大勢の皆様に見ていただけて担任として大変嬉しく思います。また、近年は我が子の学年の学芸会を見るとさっさと帰る方が多いのですが、今年は他の学年のを見る人も多くなって、教師一同を喜ばせております（我が学年２年生の出し物は舞踊劇、〝ふしぎの国のアリス〟でした）。

○お家の人は何と言ってくれたかな？

・衣装が可愛かったよ。
・ねずみのお面が上手に出来ていたね。

・S（子供の名前）は最初に出てきたけれど上手だったよ。
・上手だったよ。衣装がとっても良かったよ。
・間違えないでよくやったね。
・はっぱが可愛かったよ。
・短かったね（舞踊劇が……）
・兵隊の槍《やり》とか、小道具がかっこ良かったよ。
・ふざけないでニヤニヤしないで良くがんばったね。
・動作の〝ジャンプ〟が高かったよ。歌も大きな口を開けていたね。
・お母さんは、見終わってからも「まだ、見たかった、まだ、見たかった」と言って、騒いでいたよ。

○学芸会（児童の作文より）

・体育館で学芸会のれんしゅうをしたとき、みんなじゃないけれど、まくの下からのぞいている人が何人もいました。わたしはしゅやくのアリスだから、ステージに出っぱなしなので、みんなのようにまくの下からのぞくひまもないし、やすむひまもないのでまい日がつかれました。かたくら先生はまい日「じょうずだね」といってくれました。２くみのＪ先生にもみんなの前で「じょうずになったね」とほめられました。とってもうれしかったです。ほんばんのときは２回もまちがえましたが、気にしないでやりました。ほんばんのときは、おかあさんと、おとうとと、おじいちゃんと、おばあちゃんが見にきてくれましたが、おとうさんはしごとのためにこれなくてざんねんでした。ステージからはおかあさんとおとうとはまえのほうにすわっていたのですぐ見えたけれど、おじいちゃんとおばあちゃんはみあたりませんでした。さいごにぜんいんで〝アリスのうた〟をうたったとき、おかあさんがしゃしんをとってくれました。家にかえるとおかあさんが「まちがえないでよくやったね」といってくれたので「２つもまちがえたよ」というと「まちがえたなんておもえなかったよ」といったので、とてもうれしかったです。（２年１組　女子）

・れんしゅうのときは、むずかしいと思いました。でも、だんだんなれてくるとかんたんになりました。れんしゅうのとき、へいたいとどうぶつたちがたたかうところで、ぼくはおされてころびました。するとＨくんとＡくんがわらっていました。また、たたかうところをれんしゅうしました。こんどはＡくんがころびました。そのつぎはＨくんがころびました。3人ともころんだのでみんなでわらいました。本ばんのとき、ぼくはきんちょうしました。まちがえるとこまると思ったからです。でも、まちがえませんでした。ねずみとオームとあひるとわしがおどりおわってまくにはいってくるとき、ぼくはねずみに手をふまれました。いよいよ、ぼくたちのでばんがきました。ぶたいに出るとおきゃくさんがいっぱいいたので、ぼくは思ったよりきんちょうしました。さいごにみんなで歌うとき、ぼくは、かし（歌詞）をつっかかりました。げきがおわってへいたいたちがやりとたてをとりにいくとき、ぼくはまたころんでしまいました。ぼくはそのときいたかったのでなきそうになりましたが、がまんをしてなきませんでした。でも、そのために教室に入るのがおそくなりました。じどうこうかいびでは、6年生のげき〝うたごえがきこえる〟がとてもおもしろかったです。ぼくは6年生の歌をかえ歌にして「ゆきより白い米といで、赤いあずきをふっとばせ」と歌っていました。6年生がおわるとぼくはいっぱいはくしゅをしました。ぼくは〝あずきまんま〟ってどういうものかな？　とおもいました。ダンボールでつくったふくもおもしろかったです。（2年1組　男子）

＊　＊　＊　＊　＊

お待ちどう様でした。やっと、35名の児童全員の作文を〝にこにこつうしん〟にのせる事が出来ました。これらの作文を読んであげる度に「僕のはまあだ?」「私のは何時《いつ》出てくるんだろう?」と言っている子供たちの顔が申し訳なくて、まともに見られない時もありました。もっと担任が頑張って書くと良かったのに、どうもすみませんでした。

さあ、今度はお母さんたちの〝学芸会を観ての感想〟です。これも〝にこにこつうしん〟にのせます。でも、「通信にのせないで欲しい」と思う方はその旨《むね》担任にお知らせください。なお、保護者の方の文は匿名に致しますので、皆さんご安心ください。〈担任より〉

○学芸会を観ての感想（お家の人より）

・今回の学芸会を観るのをとても楽しみにしていました。だから、我が子が家で練習していた時も「本番を楽しみにしているから……」と言って、あまり観ない様にしていました。当日は家族3人、ドキドキしながら観ていました。「アリスの子、上手だねえ」と話しながら……後半になり、いよいよM子の葉っぱの出番です。M子は1つ1つの動作を丁寧に上手に踊っていました。そういえば、先日、葉っぱを作った日「上手に色つけが出来て、先生にほめられたさあ」と言って喜んでいたのを思い出しながら観ていました。帰宅したM子には「よく頑張ったねえ。上手に踊っていたよ。葉っぱも赤が綺麗《きれい》にぬれていて良かったよ」と話してやりました。皆、昨年よりずっと上手に演技をしていました。ただ、1つだけ、トランプの兵隊が固まって出て、固まって引っ込むので一人一人が見えなくて残念でした。(女子の母より)

・私は学芸会をとても楽しみにしていました。今年の学芸会は大変盛り上がったような気がしました。動作も音楽に合わせて大変上手でしたしね。衣装も揃っていて可愛らしかったです。先生方も連日遅くまで小物作りや、舞台のバックの絵も描いて本当にご苦労様でした。子供たちも短期間で覚えて演技をしたり、踊ったりと大変だったと思います。大人だと期間がもっとかかりますね。先生のご指導のお陰です。ビデオも撮ったのですが、家で皆で見ていて自分が出てくると恥ずかしがって隠そうとします。可愛いものですね。1つ残念だったのは、父母の観覧の態度です。横の方まで立って観ている人がいたので、あれでは後ろの椅子の席で観ていた人が観えなかったのでは……と思いました。私は前の方で学校で敷いてくれたシートの上で観ていたから良かったのですが……(男子の母より)

＊　＊　＊　＊　＊

クラス全員のお母さんたちが〝学芸会を観ての感想〟を書いてくださりありがとうございました。私は教員生活32年目になりますが、学芸会の感想をクラス全員の母子に書いてもらい、学級通信にのせたのはこれが初めてです。特にお母さん方の感想については良い事も悪い事も率直に書いてくださり、担任として嬉しく思っております。一クラス34人もいるといろんな考えがあっていいと思います。むしろ、全員が良い事ばかり書いていたら、その方がおかしいですよ。おかしいというより、それではお母さん方の本音が書かれていません。我がクラスの特徴は〝本音が言える〟事ですものね。このお母さん方のご意見を参考にして、今後の行事もまた、頑張ろうと思いますので、これからもご声援ください。

右記の事を職員室である教師にいいますと「先生のクラスは悪い事も言ってくれるからいいね」と言ってくれました。これからも〝面従腹反〟にならないで、本音で語り合っていきましょうね。お母さん方の〝学芸会の感想〟をこの通信にのせるのが遅くなってすみませんでした。「まだか、まだか」と、首をきりんさんのように長くして待っていた方もい

らしたのではないでしょうか。〈担任より〉

○国語教材「かさこじぞう」を読んで（児童の読書感想文より）

じぞうさまって、まほう使いなんだね。だって、米のもち、あわのもち、みそだる、にんじんなどお正月用のたべものをたくさんだすんだもの。ふつうの人ならそんなことできないよ。じぞうさまはきっと、まほうで出したと思うよ。Ｊがもしこのまほうつかいのじいさまなら、このじいさまやばあさまが金さんやぎんさんのように１００さいくらいまで生きていてもだいじょうぶなように、もっともっといろいろなものをもってきてあげるよ。Ｊならそうだなあ、アイス、あずき、さかな、にくまんじゅう、せっけんなんかももってきてあげるよ。そして、Ｊがばあさまだったら、じいさまからよくわけをきいてじいさまをゆるしてあげるよ。だって、じいさまはじぞうさまによいことをしたんだものね。（２年１組　男子）

【学級通信　チビッ子・ギャング】３年生　１９９５年（平成７年）４月

○〝チビッ子・ギャング〟誕生

３年１組の学級通信は〝チビッ子・ギャング〟に決まりました。名付け親はS君とS君のお母さんです。訳は小さくてワンパクでいたずらっ子と言う感じからつけたそうです。22名のご家庭から、いろいろな名前が上がってきましたが、児童に「どんな学級にしたい？」と聞くと、面白い、にぎやか、楽しい、明るい、元気、という3年生らしい言葉が返ってきました。「では、それにふさわしい名前は？」と言う事で〝チビッ子・ギャング〟になりました。たくさんの方のご応募ありがとうございました。

【学級通信　チビッ子・ギャング】３年生　１９９５年（平成７年）５月

○お邪魔しました（家庭訪問、終わる）

全員の児童の家庭訪問を無事修了する事が出来ました。初めて訪問するお家も3回目（1～2年持ち上がりの児童）のお家も2回目（2年生で転入してきた児童）のお家も皆さん快《こころよ》く担任を迎えてくださりありがとうございました。お陰さまで私も楽しく回る事が出来ました。ところが、お母さんと担任は女同士と言う事もあってか話に花が咲いて、予定時刻よりもかなり遅くなってしまった家庭もあった事をお詫《わ》びいたします。どうもすみませんでした。私の家庭訪問と授業参観後の学級懇談は長引くのが特徴みたいです。あっ、そうそう、私の家庭訪問ではもう1つ特徴がありました。皆さんはもうお分かりですね。そうです、徒歩で回ると言う事です。自転車には乗れます。しかし、徒歩で回る大きな理由は児童も徒歩で学校へ来ているのですから、それなら、担任も児童がどんな道を毎日歩いてくるのかを見ながら回るのもいいと思いませんか。保護者の皆さんは「大変ですね」とおっしゃってくださいますが、私は普段も学校へ徒歩で通勤しているのでそんなに大変ではないのです（ちなみに、私は糖尿病なので健康のために往復40分ほど歩いています）。今から33年前の新卒のころ、田舎道を往復6キロの道のりを歩いて通っていた2年生の児童がいました。家庭訪問の時、その子と一緒に3キロ歩いていくと、それまで学校で一言も担任には話し掛けてくれなかったのに、家庭訪問をした日からおしゃべりになったのも思いでとして私の心に残っています。

それから、多くの保護者の方が担任を近所や親戚のおばさんのように思ってくださるのめて気になる!も嬉しいですね。これは、私に対して気軽に話せると言う事で、私にとっては大きなほめ言葉なんですよ。だから、家庭訪問でも気楽に話してくださるので、時間が長くなってしまうのです。学級懇談ではなかなか本音を言えない方も家庭訪問では話してくれるのです。従って、私は家庭訪問を短時間で回らなければならない、今の学校教育には合わない教師なのかも知れません。

○運動会、晴天の下で終わる!（大勢の方のご声援、ありがとうございました）

５月28日、素晴らしい五月晴れの中で子供たちが楽しみにしていた運動会を無事に終える事が出来ました。我がクラスで見に来てくださった家族の皆さんをトータルすると、１５１名になりました。大勢の方のご声援を本当にありがとうございました。

お家の人は何と言ってくれたかな?

・徒競争は良かったけれど、信号機（運命走）は残念だったね。
・リレーをがんばったね。
・信号機、２位で良かったね。
・リズム（遊戯）が上手だったよ。

・白組が優勝出来て良かったね。
・徒競走、もう少し頑張ると良かったよ。
・徒競走も信号機も3位に入って良かったね。
・徒競争は2位だったけれど、信号機は残念だったね。でも、あれは運だよ。
（似たような言葉は省略しました）

＊　＊　＊　＊

賞状を1枚ももらえなかった子が6人いますが、その子たちにもお家の方が励ましの言葉を言ってくれて（いえ、そういう子供たちにこそ、励ましの言葉が大切です）担任として嬉しく思います。子供たちはどの子も大変頑張ってくれました。当日、休んだ子は1名、出席しても病気で調子が悪いために競技に参加出来なかった子が1名いましたが、皆、本当に良く頑張ったので、運動会が終わって全員に賞状を渡した時（等に入らなかった子にも担任から〝がんばったで賞〟をあげました）、担任は黒板に大きな花丸を描いてあげました。

ちなみに、私の小学校時代は身体が弱かったので、小学3年までは運動会も遠足にも参加出来ず、4年生から参加した徒競走はいつもビリでした。だから、運動会は大嫌いでしたが、リズム（遊戯）だけは好きでした。従って、我がクラスの子供たちだけにはこんな気持ちをさせたくないと思っています。〈担任より〉

でも、2007年5月現在の小学校の運動会には、そのリズムも無くなった学校が多いと聞きます。私みたいに走るのが苦手な子はどんな気持ちをしているのかと思うと残念です。

○なりきり作文

夏目漱石の「吾輩は猫である」のように子供たちにも身近な物になりきって作文を書かせました。そう言っても、3年生の子供には中々分かりにくいので、まずは私が例文を書きました。

・ぼくは犬のポメラニアンです。ぼくのお母さんは片倉栄子といって小学校の先生をしています。ぼくの役所に届けている本当の名前はポメです。片倉家にとっては3匹目のポメラニアンですが、名前は3匹ともポメです。それぞれ違う名前をつけるのは面倒だからポメラニアンの始めの二字を取って付けたそうです。「いくら犬でも少しふざけていませんか」と僕はお母さんに言いたいです。ところで、僕はいつもチョロチョロしていると言う事で、お母さんから〝チョメ〟と呼ばれています。お母さんは愛称のつもりで呼んでいるらしいけれど、この愛称は僕は嫌いです。僕は男の子なのに赤いリボンを1つつけられています。これも僕は本当は付けたくないんだけれど「可愛いから……」とお母さんは言います。近所にシーズ犬がいます。この間、その犬が頭に2つもリボンを付けているのを見たお母さんが「うちのチョメも負けないで3つつけなくちゃあ」と言い出しました。冗談じゃあないですよ。リボンをたくさん付ければいいというものでもないのにね。僕は良く動くので1つのリボンでさえも取れそうになります。だから、3つもつけたらそのリボンが取れないようにするために、お地蔵様のようにじっとすわってなきゃならないよ。そんな事をしたら僕は死んでしまうよ。（片倉栄子　作）

○なりきり作文（児童作）

・私はねこです。G子ちゃんが一番好きでお母さんみたいです。でも、いじわるもします。ねるときもいっしょで、ベットでねます。外へはたまにしか行きません。わたしが外へ行きたいのに、このうちの人たちは「めんどくさい」と言って、げんかんが2つあるのでいつもそこでがまんをさせられています。だから、わたしはいつもひどいなあと思っています。外へ行きたいから、だれかが外へ行こうとしたら、見つからないようにこっそりぬけだしていったことが2回ぐらいありました。すると、みんな、しんぱいして夜までさがしてくれました。あんまり、しんぱいかけたらわるいからおうちの人が「みゆちゃん」とよんだらかえってあげました。(3年1組　女子)

・ぼくはぬいぐるみの犬です。Z君という人がダイイチスーパーのゲームコーナーでぼくをねらってとってくれました。Z君の家へいくと、ほかのぬいぐるみもいてぼく1ぴきでなかったからさびしくなくてよかったよ。(3年1組　男子)

・ぼくは金魚です。ぼくたちはまいあさ、X君にえさをもらっています。だけど、たまにえさをもらえないときがあります。どうしてかというと、X君がどっかへとまりにいくからです。でも、ほとんどえさはもらっています。X君のほかにはお父さん、お母さん、お兄ちゃんもぼくたちにえさをくれることがあります。この前、ぼくたちのなかまが1ぴきしんだのでとてもさみしいです。(3年1組　男子)

○我が子（○○）が生まれた時（お母さんより）

・生まれた時は２２００グラムと小さかった上に、大きな病気を持って生まれたのでとても心配でしたが、手術の後はミルクも沢山飲んで大きくなってくれたので、それだけで家族の皆が幸せな気持になれました。この子から、一番大事な事を沢山教えてもらった時期でした。写真は生まれて９ヶ月のころです。６キログラムしかなかったけれど、いつもにこにこしていました。（女子の母）

・Nは道東の釧路市が出身です。体重３０８０グラム、伸長49・８センチで午前４時20分に生まれました。釧路の秋は夏と違い、霧に悩まされる事もなく、秋晴れの日が多くて、おむつがカラカラに乾いて大変助かりました。日光浴をしたり、母乳を一杯飲んでスクスク育ちました。離乳食も順調で体格も普通でした。（男子の母）

・U子は３番目の子でそれも家で出産したので私は勿論、お父さんも自分の目の前で生まれたので特別な喜びがあったようでした。他の兄姉たちも朝、起きてくると私の横にちっちゃなU子が寝ているのを見て、最初はびっくりしていたのと、不思議がっていたのを今でも覚えています。（女子の母）

・B子は夜中の０時57分に２７５４グラムで生まれました。２番目の子供でしたが、初めての女の子だったので、ピンクの服を着せようと思って喜んだものです。そのころ、2歳だったおにいちゃんも赤ちゃんを可愛がり、一寸ぐずると寝かせていたベビーベットによじ登り、ガラガラを思いっきり振って、その音でB子はすっかり起きてしまって大泣きした事がよくありました。不思議な事にお父さんを嫌がり、抱っこしてもすぐ泣き、1歳過ぎるころまではあまりなつかなかったのも今では笑い話です。（女子の母）

・なかなか2人目に恵まれなかったので、Aが生まれた時は家族が皆喜びました。特に長男が「男の子がいい」と言っていたので、可愛がりましたね。生まれてすぐに病院で抱っこをした時、看護婦さんに「お兄ちゃんにそっくりね」と言われて「僕はこんなさるみたいじゃない」と言って怒っていました。あまり病気もせずに育てやすい子でした。少々の夜鳴きがなかったら、もっと良かったかな？（男子の母）

・へその緒が1回首にまかれて生まれたためすぐには泣かず、処置をして少ししてから大きな産声をあげて泣きました。鼻がとても高い子でした。お父さんもお母さんも初めての子ということで大感激しました。絶対、男の子と思っていたのと、私が妊娠中入退院の繰り返しで、ちょっと心配でしたが、無事に生まれた事でとても嬉しかったです。おじいちゃん、おばあちゃんにとっても初孫と言う事で、皆に祝福されました。（男子の

母）

＊　＊　＊　＊　＊

可愛い写真がたくさん集まりました。どの子もそれぞれに、今の面影がありますよ。お母さん方、書いてくださりありがとうございました。今はギャング・エイジの真っ只中にいますので憎らしい事を言う事があるかもしれませんが、生まれた時の可愛らしい様子を思い出してこれからも子育てをよろしくお願い致します。〈担任より〉

○教室寸描

・C君、卒業式で壇上の日の丸の旗の隣の星印の旗をさして私に「あれ、何の旗？」と、質問しました。それは市旗でした。

・担任がD君のグループで給食を食べている時、D君と隣り合わせにすわっていたE君に「2年の時はよく喧嘩をしていたけれど、3年になってからはあまりしなくなったなあ」と話しかけていました。いい事ですね。

・理科に大変興味のあるF君、担任に〝百武すい星〟の事を聞いた時は、私も慌《あわ》てました。実は、私はこのすい星の事についてはあまり詳しくありませんでした。
・給食でG君のグループへ行った時、〝銀狼怪奇ファイル〟の話をしていたので「それ、なあに？」と担任が聞くと「土曜日の夜9時にテレビでやっているから見てごらん」という事でした。ところが、9日の土曜日にそれを見るのを担任はすっかり忘れてしまいました。すると、11日の月曜日にテレビを見たか聞かれたので、忘れた事を言うと16日の土曜日の夜9時ちょっと前にG君から「先生、テレビ見てよ」と言う電話がきました。ちなみに、この日は〝銀狼怪奇ファイル〟の最終回でした。G君は担任にぜひ見て欲しかったから、電話をかけてよこしたのですね。
・先日、担任がすでに算数の宿題を出していたのを忘れて、また、国語の作文の宿題を出すと、一番後ろにすわっていたH君が「あのう、算数の宿題もあるんだけれど……」と、おそるおそる、しかし、はっきりと担任に対して抗議をしてきました。だから、担任は「あっ、そうだったね、ごめん」と言って、算数の宿題を取り止めて作文だけにしました。
・普段はとても大人しいU子ちゃん、給食の準備中に男の子を追いかけて走り回っているのを見て、担任はびっくりしました。でも、今まではこんな事がなかったので、自分を出せるようになれてかえって良かったと思いました。

・集会でクラブの合唱団がきれいな声で歌った時、S子ちゃんが「その歌を聞いてどう思ったのか私にきいて」と言うので、教室へ戻ってからクラスの皆の前でS子ちゃんに聞きました。すると「とてもきれいな声で歌っていました」と、満足そうな顔をして答えていました。

・普段の教室での発表は声が小さくていつも注意を受けているB子ちゃん、卒業式の呼びかけでは、ソロで言う所を自分から立候補しました。特訓した結果、当日はあの小さなきゃしゃな身体の何処から出てくるかと思われる様な大きな声で言い、お隣のH先生をびっくりさせました。やはり、〝自分でやりたい〟という事は何でもやらせるべきだと担任は思いました。

・先日の学級懇談でもお話しましたが、私は子供が自由にしているのを黙って見ている事が好きです。先日も例の如く、昼休みに子供たちが教室で自由に過ごしているのを黙って観察していました。するとL子ちゃんが「先生、ぼさっとしていないで、朝自習の丸つけがたまっているようだから、それでもやったら?」と言いました。私は「そうだね」

と言いながらも、まだ、子供たちを見ていました。

○〝赤ちゃんが生まれてくる〟勉強をして……（児童作文）

・赤ちゃんのぬいぐるみはそんなに重くなかった。人間の赤ちゃんも最初はたまごだった事がわかった。3億もあったお父さんのもとの1つをお母さんのたまごと合体させたら、あとの299999999こ全部が死んじゃうのかなあ？　と思いました。

・赤ちゃんはどうやって生まれるのかな？　と思った。今日、ぬいぐるみの赤ちゃんをだいた。それから、水の入ったペットボトルを持った。ペットボトルは2000グラムで生まれてくる赤ちゃんもこれくらいしかない子もいるそうだ。赤ちゃんはさいしょ上の方を向いているけれど、8ヶ月ぐらいになると外へ出るじゅんびのためにさかさになる事が分かった。私たちもそうだったんだなあと思った。

・わかったこと。

1、赤ちゃんのもとと赤ちゃんのたまごが合体して赤ちゃんが出来る事。

2、赤ちゃんがお母さんのおなかの中でどうなっているかがわかった。

3、赤ちゃんのもとが3億もあったとは知らなかった。

4、赤ちゃんはどうして予定日より早く生まれたり、おそく生まれたりするんだろう。
・お母さんはどうして赤ちゃんが生まれる事がわかるのだろう。お母さんは口から物を食べるのに、栄養はどうして赤ちゃんのへその緒の方へいくんだろう。そして、赤ちゃんは生まれるとどうしてすぐに泣くのだろう。
・赤ちゃんのお人形はとても重かった。それから、お人形のおチンチンがとれたのでおもしろかったです。きのう、テレビでこうのとりが赤ちゃんを落としていって、人間が布のような物を広げて赤ちゃんをとったのもおもしろかったです。

○〝ふれあいノート〟より（お母さんから）〝性教育の授業を見て〟の感想

・3月10日　参観日の授業を見ていて、子供たちの発表を聞くとお母さんの卵とお父さんのもとが合体する時、「さあ、合体するぞう」と言うと、子供たちは真面目に聞いているようで、私噴出《ふきだ》しそうになりました。子供たちは皆テレビに夢中になって見ていましたね。先生が「皆はお父さんに似ている？　お母さんに似ている？」と聞いた時、我が子は手をあげていないようでした。
・3月7日　参観日の性教育、ありがとうございました。学級通信〝チビッ子・ギャング〟

№.180～182の〝赤ちゃんが生まれてくる勉強をして〟の子供たちの感想を読みました。本当に素直に子供たちの思ったことが書かれていて、読んでいくうちにほのぼのとした暖かい気持になりました。早い時期からこのように性教育を教えていく事はとても良いと思います。

・3月5日　今日の参観日の性教育、とても良かったです。親って性教育のことになると、子供にどんな風にどんな言葉で話したら良いのか分からないですものね。今日の授業でのテレビ、そして、先生のお話を聞いて、なるほどこんな風に話せばいいのか……と、とても参考になりました。ありがとうございました。このクラスのI子ちゃんのお母さんのお手紙を聞いて胸が熱くなりました。大変な事ですよね。これからももっともっと頑張ってもらいたいと思います。私も応援したいと思いました。注射の針をさす所がなくなったと言う事、とてもよく分かりました。我が子Vもヘルニアの手術の前、生後2ケ月で肺炎とのことで入院しました。そして、まずは点滴。でも、血管があまりにも細いので、なかなか針が入らないんです。手の甲から、足の甲からとあらゆる所から刺してみるのです。Vは泣きつかれて声も出ません。私も一緒になって泣いたものでした。やはり、健康が一番ですよね。元気で沢山の友達と遊べるのが一番ですよね。

・3月5日　今回の参観日は〝性教育〟とありましたので、学年通信〝わんぱく〟に書いてあった通り「えっ、どんな事をするのだろう？」と、私は期待していました。授業はとっても分かり易く、見ていても思わずニヤニヤしてしまう場面など色々ありましたが、楽しかったです。家へ帰って子供に「赤ちゃんはどこから生まれるか分かった？」と聞くと「お母さんの卵とお父さんのもとが合体して赤ちゃんになる」までは良かったのですが、「お父さんのもとは何処から入るの？　口から？　鼻から？　それともお腹に穴が空いていて、もとが入ったらすぐお腹をふさぐの？」と聞かれてしまい、私はとっさに「忘れた」とか「まだ早いから」とか訳のわからない事を言ってしまいましたが、本人は納得していません。それで、思わず「明日学校へ行ったら片倉先生に聞いてみて！」と言うと、恥ずかしそうに「もういいわ」と言っていました。〈ウ～ン、大変難しい所ですね。実は私も性教育の専門家にそこが一番聞きたい所なんです。従って、昨日早速本屋さんへ行って調べてみると、そのものずばりのタイトルの本があったので買ってきました。まだ初めの方しか読んでいませんが、それによると、小学3年生の3月31日までに性交を教えるように……とあるのには私もショックを受けました。もう、時間がないですものね。いやあ、性教育も色々な考えがあると言う事ですが、この本の著者も「そ

の根底には勿論、〃人間教育〃がある」と言う事なので私も、少し安心しました。担任より〉

・3月21日〃性教育の感想〃がすっかり遅くなって申し訳ありません。

さて、授業は分かりやすくて3年生にはとっても良い方法だったと思います。今まで家では特にこの事について説明した事もなかったので「赤ちゃんは何処から生まれてくるのかな？　お母さんのお腹がパカッと割れて生まれてくるのかな？」位に思っていたのです。それが、学校の〃性教育〃のお陰で赤ちゃんはお父さんのもととお母さんの卵で出来ると言う事がわかったみたいです。うちの子は元来、大ざっぱに出来ているというか、細かい事にあまりこだわらない性格なので、卵ともとがどうやって合体するのかと言う所までは考えていないみたいです（先生にはすでに聞いているかもしれませんが……）。先生が「赤ちゃんの時の写真を持ってくるように」と言われる度に（2年生の時も生活科の授業で一度ありましたよね）、我が家は赤ちゃんのころの写真探しから始まるのです。すると、1枚、1枚「ああ、こんな可愛いのがある」「これは何ヶ月位かな？」そして、とうとう1枚の写真を選びきれなくて「J、写真はどうしても1枚しか持っていってはダメなの？」と、思わず言ってしまいました。そして、写真を探している間は、あのころのまだ、生まれて何ヶ月と言うJを抱っこしている遠い遠い自分がよみがえってくるのです。しかし、今のような余裕のある心で育児が出来ていたらもっともっと可愛いと思えただろうに……と反省する事しきりです。あんなに可愛かったのに「何で泣いてばかりいるの?」「どうしてダメって言う事が分からないの?」とヒステリックな母をやっていました。Jが生まれた時から片倉先生と知り合っていたら……。でも、今だからそんな余裕で振り返る事が出来るのかも知れませんね。そして、思うのです。これを機会にとっても可愛かった赤ちゃんのJをいつも心の何処かに置いておこう~と。ちなみに、下の子の思いでは全然ないのです。困った、困ったという次第です。今さら赤ちゃんに戻すわけにもいかないし、写真の量もJの半分以下ですし……。何はともあれ、

〝性教育〟が母親の気持をこんな風に変えさせてくれたということだけでも、とても意義があったと思います。〝性教育〟大成功ですね。

・3月10日〝ふれあいノート〟の提出が遅くなりました。参観日は、朝からB子は発表の事で意欲満々だったのに、私はそれに間に合わなくて残念でした。途中からは見ましたが……、子供の学校での様子を見る良いチャンスを1つ見逃がしてしまいました。でも、私が家に帰ってから「先生が、B子の事ほめていたよ」と、声かけは出来ました。授業

についてはとても良い内容でした。ビデオ、先生、子供、親が同じ視点に立てたと思います。学級通信〝チビッ子・ギャング〟にのっていたのでホッとしたのですが、うちも「お母さん、B子を産む時痛かった？　どの位？」「B子は痛いの嫌だから、子供は産まないんだ」「でも、占いでは2人産むんだってさ」と言っていました。興味はグーンとあるようですが、何があろうと親として〝お父さんとお母さんの大切な子なんだ〟と言う事を大事にしたいと思います。

○1年間、ご協力、ありがとうございました。

とうとう、今日で3年生も終了です。思い起こせば、この1年間も色々な事がありましたが、ギャング・エイジのこの時期、それが当たり前だと思っています。しかし、担任としては楽しい1年間を過ごす事が出来て、保護者の方々には本当に感謝いたしております。

ここで、担任としての1年間の反省をさせていただきます。

良かった事

・保護者対担任、児童対担任の人間関係が良かった。

・学級通信をNo.１９０まで出す事が出来たが、まだまだ書きたかった。
・テスト用紙に必ず一言が書けた。
・１週間に一度は担任に提出する児童⬍担任の〝おたよりノート〟には必ず返事が書けた。
・子供の話はその子の顔を見ながらよく聞いてあげたと思う。
・お母さん⬍担任の〝ふれあいノート〟も曲りなりにも最後まで続けられたと思う（担任からの返事が遅くなったりもしたが……）。

悪かった事
・児童の作文に担任からの一言が書けなかった。
・夏休み、冬休みの作品にも担任からの一言が書けなかった。
・他にもたくさん悪い事があったと思うが、今ちょっと思い出せない（人間って自分の都合の悪い事は思い出せないようだ）。

学級通信〝チビッ子・ギャング〟のご愛読ありがとうございました。では、保護者の皆様、ご縁がありましたら、また、４月にお会いしましょう。〈担任より〉

【学級通信〝なかよし・パラダイス〟】 4年生　1996年（平成8年）4月

○〝なかよし・パラダイス〟登場

先週、学級通信名を募集しますと、27個の応募がありまして、接戦の結果、〝なかよし・パラダイス〟に決定しました。発案者はCさん親子です。理由は〝みんな仲良く楽しいクラスになるように……〟だそうです。3年生の時の〝チビッ子・ギャング〟とはまた違ったイメージで、素敵なタイトルだと担任も気に入りました。この新しい学級通信〝なかよし・パラダイス〟を今までの〝チビッ子・ギャング〟同様によろしくお願いいたします。

○サラダ作り、無事終了！（けが人が出なくて良かった、良かった）

社会科の実習、サラダ作りを昨日無事終了する事が出来ました。学年通信〝わんぱく〟にもちょっと書いたのですが、家庭訪問でも「どうして社会でサラダ作りをするのですか」と言う質問が多かったので、ここで改めて答えさせていただきます。4年生の社会ではゴミや水の勉強をしますが、自分たちが実際にサラダ作りをして、水を使い生ごみを出す事によって、飲み水はどうやって私たちの口にまでくるのか、また、ゴミはどのように処理されるのか勉強しようという事なのです。サラダ作りと言うと5年生から始まる家庭科でやるのなら分かるのですが、社会でやるとは……、保護者の方が不思議に思うのも無理ないと思います。社会の教科書の初めにも4年生になった進級のお祝いにサラダ作りをしている絵がありますのでご覧下さい。新学力観では、特に小学生には出来るだけ身体を動かす事によって、学力を身につけさせようとなっております。

ところで、我がクラスのサラダ作りですが、社会の目的よりも作ったり、食べたりする方に興味があるようで楽しそうにやっていました。担任の評価としては、私が思ったよりは包丁さばきも上手で、けが人もひとりも出なかったし、テキパキとやっていて時間も多めに取っておいたら余ったくらいでした。これも皆、お家の方のご協力のたまものと感謝いたします。よく考えると、学校で実習をやるというその事よりも、そのために、お家で一生懸命練習するという過程が大事だったのではないかと思いました。

あるお母さんも〝ふれあいノート〟に書いていましたが、学校でこういう事でもしないと、子供が台所に立つという事は、大人からすると邪魔で時間がかかると言う理由で、かえってありがた迷惑な所もあるのです。しかし、そんな事を言っていたら子供はいつまでたっても出来ませんよ。学習に生活科が入ってきてからは、1年生から包丁を使い、2年生でカッターナイフを使う時代です（家庭でさせないから学校でさせる事になるのですが……）。その道の研究家に言わせると4年生になると教えればもう立派に主婦の仕事が出来ると言います。でも、一番苦手なのは後片づけで、大人の男性がやるお料理作りと同じだなと担任は思いました。共働きでお忙しいお母さんもたくさんいらっしゃいます。さあ、このチャンスに女子も男子も平等にじゃんじゃん台所に立って手伝ってもらいましょう。しかし、終わったら必ず「ありがとう、助かったわ」という感謝の気持ちを忘れずに……。

○サラダ作りをして（児童作文より）

・今日、学校でサラダ作りをしました。ぼくが食べようとしたら、先生にマヨネーズをかけられました。食べるか食べないか迷っていたけれど、ちょっと食べてみるとおいしかったので、ハムとキューリとシーチキンを食べました。ノンオイルスーパードレッシング青じそをかけるとちょっとしょっぱかったです。（男子）

・学校でサラダを作るのは初めてなので「下手でもしょうがない」と思いました。私の役割は野菜を切る人です。キュウリを切っていたら、先生が「上手、上手、うまい、うまい」と言ってくれたので、とてもうれしかったです。（女子）

・作っている時にJ君が塩をたくさん入れそうになったので、びっくりしました。食べる時、青じそのノンオイルスーパードレッシングとマヨネーズをまぜました。そしたら、なぜかすごくおいしかったです。先生も味見をしてくれたのでうれしかったです。（男子）

・今日、サラダ作りをしました。思った事は作るのはかんたんだけれど、ごみがたくさん出て水もすごく沢山使いました。私はこんなに沢山のゴミが出たり、水を使うとは思いませんでした。サラダは自分で作ったのでとても楽しかったし、とてもおいしかったです。（女子）

・今日の3時間目に家庭科室でサラダ作りをしました。家庭科室にはガスコンロが10台位あって、一度に多くの人が料理を作れるんだなと思いました。私はエプロンとバンダナをつけて身支度をしました。野菜を洗って切りました。材料はにんじん、キャベツ、レタス、トマト、シーチキン、ドレッシング、たまごです。そして、もりつけをしました。見た目は悪かったけれど、食べてみるといがいとおいしかったです。今度作るときは、もりつけをもっときれいにしたいです。（女子）

○家庭訪問寸描（1）

教室でU子ちゃん曰く「先生、今日、家庭訪問に来るんでしょう？　だから、家では昨日から大変なんだから……お母さん、お掃除したりして。今日だって朝からそわそわしていたよ」すると、側にいたS子ちゃん「うちはお母さんが働いているから、おばあちゃんがガラスふきしていたよ」

そういえば、数年前にある学年のお母さんが言うには「うちの大掃除は年末ではないのですよ。春の家庭訪問の時期です」すると、そばにいた別のお母さんも「あら、うちもそうですよ」という事でした。ウ～ン、この気持ち、分かります、分かります。担任だって参観日の近くになると、教室をぐるっと見渡して整理整頓をしますものね。それと同じです。どこのご家庭をお伺いしても皆さんきちんとなっていますが、普段もこのようにきちんとなっていますか。もしそうなら、担任としてはそちらの方が困るのですね。成長期の0～10才までの子供がいたら、ある程度はちらかっていてもしかたがないと思っています（しかし、これも程度問題ですが……）。むしろ、小さい子がいても、いつもチリ1つ落ちていなくてきちっとしているおうちの方が私にとっては不思議に思います。その子は、そういう家庭で正常に子供らしく成長しているのかな？　と思っちゃうのです。

お母さん方にも色々な性格の人がいらっしゃいますが、今までに他人から「あなたは几帳面ね」と一度でも言われた事のある方は子育て、気をつけてください。自分では気がつかなくても、整理整頓を子供に口うるさく言っているものです。児童心理学者に言わせると、大らかでのんびりしている人が教師や親になるといいようですよ。そうは言っても、几帳面なお母さんは今さら性格を変える訳にはいかないから、せいぜい、子供部屋だけでもその子の自由にして置いてください。お互いに異性を気にするような年齢になると、黙っていても異性が来るとなると部屋を自分から片づけるようになるそうです。この度の家庭訪問でもV君のお母さんがそれに似たような事をお話ししてくれました。

さて、我が教室ですけれど、突然来てくださったお母さんならお分かりと思いますが、決して整理整頓がいいとは言えませんよね。でも、大人から見ていつも整理整頓されてきちんとされた教室でも、中の子供たちがおどおどしていたり、萎縮《いしゅく》していては何もならないのでは……と担任に都合の良いように解釈しています。多少、整理は出来ていなくても〝のびのび、生き生きしている子〟の方を担任は目指しますね（これは、学級の目標でもあります）。この整理整頓も程度問題ですが……。

それにしても、〝家庭訪問〟って、お母さんたちにとっても大変なんですね。そういえば、

4月下旬に、あるデパートへ行くと〝家庭訪問のこの時期にお部屋の模様替えをしませんか〟と書いてありましたわ。確か、家具コーナーだったと思います。整理整頓が得意でない担任にもし子供がいたら、家庭訪問の前日は〝年休〟を取って大掃除をしなければならないでしょう（校長先生、教頭先生、この部分は読まないで下さい。ほとんどの学級通信はお二人とも読まれます。ハイ）。そういう意味では、私は子供がいなくて良かったです。

○家庭訪問寸描（2）

・この日はＦ君のお家が一番目だったので、学校からＦ君と一緒に行きました。友達とは活発に遊ぶＦ君ですけれど、担任にはほとんど自分から話し掛けてきません。この時も、担任がいくら話し掛けても「～ウン」「～ウン」です。だから「Ｆ君は先生が何話しても〝ウン、ウン〟だね」と言ってから、また、話しかけると、今度は「そう」に変わりました。

・急に順番が変わったために、Ｈ君のお家へＨ君たち3～4人でお伺いすると、お母さんはいらっしゃいませんでした。鍵はＨ君が持っていたので中で待たせてもらいました。すると、Ｈ君たち3～4人で担任に接待してくれるんですね。4人して台所に立ってしゃべりながら何やらしています。「コーヒー出すか」「いや、先生コーヒー飲まないぞ」担任がコーヒーを飲まない事を知っていたのです。さすが2年目担任の子供たちだと思いました。「じゃあ、お茶にするか」という事で、4人で入れたお茶が出てきました（そういえば、今から20年程前の私の甥も丁度4年生でしたが、その時の家庭訪問でやはり私の姉がちょっと留守にしていたそうです。すると、甥はコップに水を入れてその先生に出しました。後で姉がその訳を聞くと、「丁度その時、自分が水を飲みたかったから、先生も飲みたいだろうと思って出した」という事でした）。子供でも色々と考えて接待してくれる事が担任として嬉しいですね。

・その日の一番目はK子ちゃんだったので「今日は先生とデートしよう」と言うと「いやだあ」と言いながらも、たくさんお話しながらK子ちゃんのお家まで行きました。そして、3軒目くらいまでずっと道案内をしてついてきてくれるんですね。私が3軒目のG子ちゃんのお家で帰ろうとしてふと見ると、K子ちゃんは私の黒い帽子をかぶっておどけていました。

・V子ちゃんのお家では、V子ちゃんの風邪が移ったお母さん、熱があるのにマスクをして応対してくださいました。それにしても、V子ちゃんのお母さんを見る笑顔が素晴らしかった！　担任は今まで学校で、Ｖ子ちゃんのあんな素敵な笑顔を見た事がありません。学校ではめったに笑わないＶ子ちゃんなんです。これだから、家庭訪問はしなければいけないんですね。

・東京から来たＹ君のお母さん、運動会では見る場所を取るために保護者が前日から並ぶ事をお話すると、びっくりされていました。何しろ、東京の運動会はお母さんの手作りのお弁当を持っていくそうですが、お家の人と一緒には食べれないと言う事です。その時間お家の人は家へ帰って、また、午後から見に来るそうですよ。北海道の運動会は親の仕事が休みの日曜日にするのが当たり前なのですが、東京では日曜日に運動会をするなんて考えられないから、平日となるとお家の人が来れない子もいるという事で、親子でお弁当を食べる事はしないそうです。また、我が学年、我がクラスの今後の行事（学校でのお泊り会や、サイクリングでのジンギスカンなど）を聞いて、とても楽しみにしているそうです。「東京ではそういう行事が出来る場所もないと言う事で、しないのかもしれませんね」と、そのお母さんはおっしゃっていました。子育てをするには東京はふさわしくないという事でしょうか。

○″ふれあいノート″より（お母さんから担任へ）

・5月27日　昨日の運動会ご苦労様でした。今年も曇りではあったけれど、寒くもなく風もなく絶好とまではいかなくても、雨が降りそうで降らなかったのが良かったですよね。先生方のご苦労を心から敬服いたします。私は子供たちの応援に力が入り過ぎたのか、今朝起きたら右腕に筋肉痛を起こしてしまいました。特に息子のリレーにはガックンです。息子がバトンを落とした後に何とか挽回をして欲しくて、右腕に一層力が入ったのですね。まったくもう……。

息子から「リレーの選手になった」と聞いた時、下の娘もなったと言う事だったので、二人に「リレーで大切なのは速く走ろうとする事よりもバトンをきちんと落とさないようにする事なんだよ」と、助言はしていたのですが、何せ、下の子と違って上のSはお調子者で、今回のリレーでバトンを落としちゃった時は本当にガックリときてしまいました。本人もそれなりに気にはしているようですが……。「どうしてバトンをしっかり持って走らなかったの！」と、のどまで出かかる言葉を奥にグッと引っ込ます事が私にとってはとっても苦痛でした。悪い所を指摘するのがどれほど簡単であるかと言う事が今回の事でよく分かりました。でも、先生の指導を思い出して「来年も、もしリレーの選手になったら、今度はバトンを落とさないように頑張ろうね」と言うのが精一杯でした。今回、自分がバトンを落としてしまった事、その事によって緑チームの人たちに迷惑をかけた事など、この事があの子のこれからに役立ってくれれば……と願うばかりです。それでも、閉会式を終えて家に帰ってくると、もう、友達が3人位来てバタバタ騒いでいました。親の思いはどこまであの子に通じているのでしょうか。それにしても先生、先生の親の指導を実践していく事は親の身体にとても悪いですね。親がカッーとなっても抑えないとならないからです。子育て10年と言うと後1年もたたないで、あの子の子育てが終わります。でも、3月までは先生と一緒だから何とかがんばれそうです。それにしても家の子のチャカチャカ何とかなりませんか？　先生。血液A型である母の私としてはもう、ギブアップ寸前です（ちなみに、息子はB型です）。〈担任もB型です——陰の声より〉何はともあれ無事に運動会が終わり、それぞれの子供たちが、この行事で学んだ事をこれからの学校生活で役立ってくれる事を心から願います。先生、本当にご苦労様でした。そして、こんなSですが、何とかひとつよろしくお願いいたします。

・6月8日　運動会は暑くもなく寒くもなく絶好の運動会日和でしたね。Y子は徒競走は自信がなさそうでしたが、運命走の〝変身マン〟でエプロンをつければいいだけの〝お母さん〟に当たって1等になれたので凄《すご》く嬉しそうでした。棒体操は風邪の大流行でそんなに練習も出来なかったのに、皆で上手に踊っていてとても良かったです。4年生ともなると皆覚えがいいんですね。何はともあれ無事に終わって良かった、良かったと言う所です。先生もご苦労様でした。

さて、先日の参観日は私は学級懇談に最後まで居られなかったのが残念でした。授業では、相変わらずこのクラスは子供たちがのびのびしているのがいいですね。子供たち皆が授業を楽しんでいるようでした。国語で方言の勉強だったのですが、ラジカセを聞くとこちらまで可笑しくなって見ているお母さんたちも子供たちと一緒になって笑ってしまいました。授業はこのように楽しい事ばかりではないのでしょうが、時にはゲラゲラ大声を出して笑える事もあっていいと思います。

・5月28日　運動会はまずまずの天気に恵まれて、最高でした。先生にはどんなにかお疲れになられたことでしょうか。ご苦労様でした。「80メートル走ではどうしても2組のMには勝てんなあ」と言っていた我が孫Aでした。24日は熱と扁桃腺の痛みでほとんどの食べ物がのどを通らず心配しましたが、運動会当日の徒競走では予想通りの2位になれて喜んでおりました。運動会の翌日の27日は、私は疲れ切っているのに、主役の子供たちの元気のいいこと。「水、飲ませてください」と言って我が家の台所に入ってきたのが6人。せまい玄関はスニーカーで一杯です。片倉先生には直接お会いできませんでしたが、楽しい1日をありがとうございました。（祖母より）

〈このおばあさんはお忙しいお母さんに代わって時々こうして〝ふれあいノート〟に書いてきてくれました。嬉しいですね。担任より〉

○みいつけた、みいつけた！　お母さんのよい所、我が子のよい所

・C君親子

お母さんのよい所―仕事から帰ってきて疲れているけれど、ごはんを作ったり、せんたくなどをしてくれる。

Cのよい所――――普段は大人しいけれど、ここぞ！　という時は自分の感じた事を言う。身体は少し小さめだけど、自分の力を精一杯出してがんばる。「嫌いだ」と言いながらも弟の面倒をみてくれる。内心「めんどくさいなあ」と思っているだろうに3兄弟の中で一番私の頼みを聞いてくれる。

・D子ちゃん親子

お母さんのよい所―私のお母さんのよい所は私がかさを持ってこなかった時に雨が降ったら、学校まで傘を持ってきてくれることです。

D子のよい所――D子のよい所はいつもは手伝いなんて全然しないで知らんぷりしているのに、お母さんが本当に困っている時は「いいよ」と言って快《こころよ》く進んで手伝ってくれます。片付けも上手で、何分もかかってですが、引き出しの中や本棚を綺麗《きれい》にしてくれます。

・J君親子

お母さんのよい所―「1000円だけ、使っていいよ」と言っているのに、それに600円をたしてくれて1600円使わせてくれる。家の中でかくれんぼをさせてくれる。

Jのよい所――いつも元気に友達と遊んでいる。お母さんがサラダ作りをしていると手伝ってくれる。動物を可愛がる。朝、弟と一緒に学校へ行ってくれる。誰とでもすぐに友達になれる。好き嫌いをしないで何でも「おいしい」と言って食べてくれる。優しくて、素直だ。

・W子ちゃん親子

お母さんのよい所—私のお母さんは、私の部屋がきたなかったらきれいにしてくれます。

W子のよい所———自分から進んでお手伝いをしてくれる。お母さんが仕事で手を放せない時、よく病気のおじいちゃんの面倒をみてくれる。大人に対する言葉遣いもていねいに話せるようになってきた。まだまだたくさんあると思うが、今は思いつかないので、これからはメモしておく。

・Q子ちゃん親子

お母さんのよい所—1、水泳を習いに行っている時、私の番が終わると手を振ってくれる。2、東川の米や畑の仕事を私にも手伝わせてくれる。3、漢字の書き順や読み方を教えてくれる。4、料理が上手で、私にもその作り方を教えてくれる。(たくさん、書いてくれてありがとう。お母さんより)

Q子のよい所———1、お父さんとお母さんの子供である。2、やさしい。3、お使いに行ってくれる。4、弟の面倒をみてくれる(遊んでくれる)。5、朝、時々、弟の顔タオルやおしぼりを用意してくれる。6、ムシパンやホットケーキを作ってくれる。7、運動会をがんばった。8、まだまだ、たくさんある。とてもかわいい。

・O君親子

お母さんのよい所―お母さんはぼくの学校の給食のおばさんなので、給食をいつも一生懸命に作っている事とぼくのいう事を聞いてくれる事、家の料理もおいしく作ってくれることです。

Oのよい所――1、元気に遊ぶ事。2、たまに台所のお手伝いをしてくれる。3、やさしい所。4、親の言う事を「ハイ、ハイ」と聞かない事もよい所に入るのでしょうか(先生が、小学生のうちに第2反抗期がないとダメだと先日の参観日の懇談で言っていたので)。

・T子ちゃん親子

お母さんのよい所―私のお母さんのよい所は、お買い物に私と一緒にいくといつも私に1つは何か買ってくれる所です。(ありがとう。ママより)

T子のよい所――1、正直なので偉いと思います。2、声が大きいのがいいですね。

3、母の日やお母さんの誕生日にはプレゼントを買ってくれます。4、友達を大事にします。5、挨拶もきちんとします。6、いつも元気が良い所です。

＊　＊　＊　＊　＊

こうして学級通信にお母さんやお子さんの良い所を書いていると、私まで微笑ましく良い気持ちになります。さあ、皆さん、これからはどんどん人の良い所を見つけていきませんか。すると、今までは嫌いだと思っていた人も少なくてもそれ以上は嫌いになりませんよ。いや、前より良くなります。私が実験してみました。〈担任より〉

○〝ふれあいノート〟より

・6月19日　今日の夕方、5時半ころ「ちゃあちゃん（おばあちゃんのこと）、宿題教えて！」と、算数の教科書とノートを持って孫のVが私の家に飛び込んできました。これまでも「割り算が分からない」と言って、時々聞きに来ていたので心配しました。でも、テストでは何とかやっているのに宿題となるとどうしてこんなに理解が出来ないのか、一寸不思議なんですよね。掛け算九九をマスターしていないのかとも思いましたが、そんな事でもないんです。私に対するただの甘えでしょうか。（祖母より）

【〝おとまりかい〟について】

○おとまりかい（児童作文より）

・7月6日（土）におとまりかいがありました。夕方5時ごろに学校に着きました。友達があまりいないなあと思いながらよく見ると、たくさんいました。5時30分ぐらいになったら、ご飯を食べました。6時ぐらいから親子ゲームをしました。6時30分から子供ゲームをしました。予定では7時半からおばけやしきをするんだったけれど、まだ、外が明るかったので、7時45分ごろからやりました。待っている時、子供たちはドッチボールをしていました。おばけやしきに行く順番は初めは1組の先生、次に2組の先生、その次に1組の1班、2組の1班です。私は6班だったので、かなり長くドッチボールをする事が出来ました。おばけにはお母さんたちがなったのですが、怖くなくておもしろかっ

たです。それが終わるとお菓子をもらいました。それから、夜中の12時ごろにみんなでトランプをしました。(女子)

・7月6日はおとまりかいでした。おばけやしきが終わったらもう寝る時間なので、寝袋をもってプレールームに行きました。行ってから、AさんやBさんのとなりにねぶくろをしきました。ねるまでにはまだ時間があるので、一緒にねることになったAさん、Bさん、Cさんそして私の4人で遊んでいました。すると、D君とE君が「いもむし」と言って足をふんできたりしたので、「やめて」と言ってお返しに手や足をふみました。そんな事をしていたら、2組のF先生が「もう、ねなさい」と言ったので、電気を消してねぶくろの中に入りました。目をつぶっていたら、D君、E君、G君、H君たちが「生きているかあ」と言って、顔にかいちゅう電とうを当ててきたので「まぶしいから、やめて」と言いました。その時、Iさんの方を見るともうスヤスヤと寝ていたので、私は「こんなにうるさいのによくねむれるなあ」と思いました。他の人たちもIさんの方へ行って「よくねむれるなあ」と言っていました。すると、J君もねむっていたので、「二人ともねむれていいなあ」と思いました。私もねむろうと思ってねぶくろの中に入ると今度はAさんがねむっているようだったので、Kさんと二人で「よくねむれるよねえ」と話しているとAさんが「ねむっていないよ」と言いました。私が「もうねよう」と思っていたら、2組のF先生が「こわい話をしてあげるから、聞きたい人はおいで」と言ったので、行こうとしたけれどねむれなかったらこまるから、やめました。すると、Aさんが「私、ちょっと聞いてくるね」と言っていきました。すると、何分かしてAさんが「ああ、こわかった」と言いながらもどってきたので「そんなにこわかったの？」と聞くと「すごくこわかった」と言っていました。それから、Aさん、Bさん、Cさん、私の4人で何か話しているうちにねてしまいました。でも、少ししかねむれませんでした。（女子）

○〃ふれあいノート〃より（お母さんから）

・7月16日（火）〃おとまりかい〃の児童の感想を学級通信（なかよし・パラダイス）に書いていただいて、子供たちの反応が良く分かりますね。子供たちは「お化け屋敷があまり怖くなかった」と書いているのですが、正直な所、一人で入るのとは別なもので、グループの人たちがいたから楽しい〃おとまりかい〃になったようですね。お化け屋敷も楽しみながらワクワクの部分が多かったようですけれど、本物のお化け屋敷のようにあまりゾクゾク、キャアーの世界では夜も楽しくなかったのではと思います。そういう意味でも今回のお化け屋敷は大成功でしたね。役員の私としては、不足の部分もあり反省も多々ありますけれど、皆さんからも助言を頂き、４年生の父母の方々のご協力にすごく感謝しています。勿論、お二人の女の先生方にもお忙しい中かなりの手助けを頂いて大変嬉しく思います。私はペチャクチャお話して元気一杯なのですが、こんな私を皆さんでチャチャ入れて「ホラホラ、しっかりね」と、これからも声をかけてください。これからやる９月のサイクリングもワイワイ元気な４年１組と言う事で、親同士、子供に対して口は出さずに目を向けて……けれど、親自身も楽しむ事を忘れずに。そして、子供たちののびのびと明るさを見習って、親たちもこのまま６年生まで素敵な学年でいたいですね。子供たちの事も親同士で何でも話せていけたら、５年生も６年生も子供たちの自主性と素直さと明るさできっと成長していってくれると信じています。

〝おとまりかい〟とは関係がないのですが、我が子のＡがこの前、理科で１００点を取ってきました。すっごく大きな花丸（それに日本の国旗が左右から斜めに２本花丸の上で交差しているのです）が書いてあって本人もすごく満足そうでしたよ。「ちゃんと問題を読んで頑張ったんだね。偉い！」と、ほめてあげました。

Ａの良い所は前向きに少しずつですが、物事を考えていける事とすごくやさしくて気のつく子だと思うのです。この間、家でやったＡの誕生会でも、バケツのスイカを主役のＡが長靴を履《は》いて、外で一生懸命冷やしてくれました。すごく甘いスイカで短時間で冷えていて自然の美味しさが一杯でしたよ。10人以上の子供たちなのに私は何もしないで、焼きとりを焼いて塩、コショウして全部自分たちでやっていました。私が家の中で茶碗を洗っている間に、綺麗に食べてしまいました。また、食べていない子にもちゃんと当たるように、喧嘩にならないように気配りをする所に私はすごく感心しました。「素敵な10歳の誕生日、おめでとう」でした。私も楽しい１日を過ごさせてもらいました。これも、子供がいるお陰なんでしょうかね。（母より）

○子供は素晴らしい……です。（担任より）

私は子供が大好きなので、学級でも〝子供のために……〟と思って色々な事をするのですが、実はそれは〝子供のため……〟ではないんですね。私の場合、そうする事が実は自分のためなんですねえ。右記のお母さんではないけれど、子供がいるお陰で、私自身ものびのび、生き生きさせてもらっているんです。こう考えると、子供って素晴らしいです。

こういう子供たちをもっと大事にしなくては……と思いました。

○担任は、嬉しい悲鳴です！　9月4日（担任より）

何が嬉しい悲鳴かと言うと、〝なかよし・パラダイス〟にのせたい事がたくさんあり過ぎてです。まずは、先週観た演劇〝おぼさりてえ〟の児童の作文です。本当は全員のをのせたいのですが、そうすると、担任は寝ないで書かないとなりません。それから、少なくても担任へ1週に一度は書いてもらっている児童の〝おたよりノート〟も学級通信にはほとんどご無沙汰しています。

夏休みが終わると子供たちは、また、一段と成長したなあと言う感じがします。お母さん方からみると「遊んでばかり……」と、思った夏休み、実はこれがお子さんにとっては充電期間で、大変意味があったのだと、私は思っております。〝自由こそ最大の教育である〟という言葉を私は噛《か》み締めています。

○〝ふれあいノート〟より（お母さんから

9月8日　7日のP・T・Aクラスの行事は役員の不手際からジンギスカンの到着が

少々、遅れてしまって皆さんに少しご迷惑をかけてしまいました。でも、怪我もなく、無事終了出来ましたのも他の役員さんや先生のアドバイスのお蔭だと思っております。ありがとうございました。そして、日曜日の今日（8日）もまた、朝8時ころからN君から「どじょうを取りにツインハープ橋へ行こう」というお誘いを受け、本人はウキウキ気分でした。私は昨日、お休みを頂いていたので今日は仕事に出ていましたが、ちゃんと、おやつも持参して自分で用意して出かけたようです。午後3時ごろにはどじょうを1匹持って水草もたっぷり取ってきて、昨日持ち帰った2匹と共に水槽の中に入れてありました。そして、しばらく水槽の中のどじょうの様子を見て、腹ごしらえをしてから、また、N君の家に遊びに行ってしまいました。弟はお誕生会の帰りに一度帰宅してから2年生の友達と虫探しをしてバッタやコオロギらしきものを沢山取ってきました。草をたくさん入れて友達の虫かごも借りて皆で取った虫を家で大きな虫かごに入れ替え、えさと水をあげて自分の机の上でかってあげるのだそうです。借りた虫かごを「綺麗《きれい》に洗った方がいいよね」と言いながら、ゴシゴシ洗っているのを私は黙って見ていました。休日を子供二人が自然に親しんで一寸子供たちも秋を感じた事と思いました。親が半日仕事でも、子供なりに楽しく過ごしてくれていてホッとしていました。

先生が4年生をのびのび指導してくださっているのが、今回の行事でもよく分かりました。私が校舎を出てびっくりしたのは、1組は先生や親がいなくても自ら自転車を持って班毎にきちんと並んでいた事です。〈外へ出てからの並び方は教室を出る前に子供たちに担任が指示しておきました。担任より〉

そして、向こうへ行ってからもジンギスカンを食べてからは、一人ポツンとして何をしていいのやらという子もいなくてすばやく自分の遊びの場を見つけてさっさと行動するあたり、さすが、4年1組だと感心しました。親もジンギスカンをたっぷりと食べて話して(何時までも食べていて、腰がなかなか上がらなかったのは私です)、親同士のコミュニケーションも取れて良かったと思います。本当にお忙しい中、皆さん出席してくださりありがとうございました。

○演劇〝おぼさりてえ〟を観て……(児童の感想文より)

・〝おぼさりてえ〟をみておもしろかったところは、おぼさりてえが「おぼさりてえ」と言いながら出てくるところです。それから、さむらいがおぼさりてえをおんぶってくる時も、変な顔をしていたから面白かったです。この時、さむらいが「おもいのう」と言ったことも楽しかったです。ぼくがかんじたことがあります。それはげきに出た人みんなの声がとても大きなことです。ぼくも学芸会では、あの人たちのように大きな声を出そうと思います。(男子)

・8月30日にぼくたちは学校で劇団の人たちがやるげき〝おぼさりてえ〟をみました。このお話はこわいと聞いていましたが、ぜんぜん、こわくありませんでした。最初に出てきたあめやさんが主人公かな？　と思っていたら、このげきのお話をする人でした。あめやが話していて、とちゅうで城が出てきました。そこには殿様がいばってすわっていました。ぼくはこのお話を知らないので、次に何がおこるのかな？　とむねをドキドキさせながらみていました。殿様がとうべえと言う人をよび、〝おぼさりてえ〟(これは、実はおばけでした）のいる所へ行かせました。この時の〝おぼさりてえ〟のぶたいに出てくるかっこうがおもしろかったです。でも、とうべえは〝おぼさりてえ〟を見ると、にげていたのでちょっとなさけないなあと思いました。その時、はんのじんと言う人が、奥さんのお秋の病気が早くなおるようにとがんかけをしていました。すると、その時、すずもないのに「ガシャン、ガシャン、ガシャン」と言うすずの音がしました。しばらくしてから、とうべえとはんのじんが〝おぼさりてえ〟の所へ行き、〝おぼさりてえ〟を二人でかわるがわるおぶった時は重たそうに見えました。そして、二人で〝おぼさりてえ〟をはんのじんの家につれてきた時、まさかあんなにはんのじんの家に小判があったとは思いませんでした。あのおばけの〝おぼさりてえ〟は良い事をしていたんですね。あのお話はおもしろかったです。(男子)

○教室寸描　9月6日(担任より)

・今、図工の時間に木工をしているのですが、子供たちってこういう事は一生懸命にやりますねえ。慣れない手つきで釘を打ったり、鋸《のこ》を使ったり……。

昨日で先週のも合わせて4時間しましたが、先週からみるとどの子も随分上手になってきましたよ。この時も私は出来るだけ、手出し口出しはしないようにしています。そして、やはり、〝ほめる事〟が主です。出来なくなって「先生、やってえ」と言うまで手伝いません。すると、面白いですよ。友達同士助け合っているんですから……。「V君、のこぎりの使い方、上手になったねえ」「Xさんのそのやり方いいねえ」と言ってあげると喜んでいます。心を自由にさせると「ここ、ぼくのようにするといいよ」と言って教えあってもいるんですね。では、担任は何をしているのかと言うと、怪我《けが》をさせない事、一人ひとりを良く見ていて児童を認める事、この2点だけでした。G子ちゃんが自分の手に余って困った顔をしていたので、私から手伝ってあげましたけれど……。木工も子供たちの性格が出ていて、黙って見ていても面白いです。

・9月11日　学級行事のグループ分けを、朝の自習の担任のいない時にやってもらいました。ほとんどの子が男女別々のグループにした方が良い方に手をあげたようですが、S君ひとりだけ男女一緒にした方が良い方に手をあげたそうです。すると、S君を前に出して椅子にすわらせ、皆でほめてあげたそうです。後で、L君からこの事を私が聞いてとても嬉しくなりました。ああ、その結果ですか。S君の言うように男女一緒のグループになりましたよ。

・9月27日　毎朝、一番に教室に入ってくるU君（8時10分前ごろです）、その時、私がちょっと用事があって他の教室（プレールーム）へ行っていると、廊下まで私を探しに来るんです。「あら、どうしたの?」と声をかけると「あっ、先生、いた！　いなかったから、先生どうしたかと思って」可愛いですね。やはり、いつも教室で「おはよう」と言ってくれる人がいないと変なんですね。そういえば、私も子供のころ、家へ帰って母がいなかったら、家にいる他の家族に必ず「母さんは?」と聞いたものですが、それと同じかな？　とふと思いました。

・D子ちゃんの〝おたよりノート〟から……「先生の性格判断をしてあげますから、次の項目に○、△、×をつけてください」とあったので、50の質問に答えると、昨日、その結果を見せてくれました。私の性格は……内緒、内緒です。その事をお隣のクラスの、F先生に言うとやはり、彼女も女性でした。「私も興味があるからやってもらいたいわあ」と言っていました。女はいくつになってもこういう事に関心があるんですねえ。（これは、私自身に対して言っているのです。私の精神年齢は４年生と同じ10歳くらいかな？）

○学芸会、猛練習（ちびっこ監督、続出する!!）　9月24日

４年生の劇の場合は初めから体育館で大きな声で練習している訳ですが、全校的にも９日から特別日程で体育館で練習を始めました。４年生の場合、劇の方は大きな声で大きな身振りでを目標に、音楽の方は劇を盛り上げるために言葉をはっきりする事を目標にしています（タイトルは〝ハンメルの笛吹き〟と言う総合劇なので、劇と歌はつながっているのです）。だんだんと劇も慣れてくると、自分の役だけでなく、他の子の声や身振りも気になってきて、ちびっこ監督が続出しだしました。例えば、「ねずみが川におぼれる所は体育館のギャラリーをつかったら?」(これは、去年、どこかの学年の劇でギャラリーを使ったのを覚えていたようです)『アーン、アーン』と泣く所は、黙って突っ立っていたらおかしいからしゃがんだら?」「あの場面ではみんなで言わないで、男子と女子に分けて言った方がいいと思うよ」また、ボクサーのマントを紐《ひも》で結んでいるため(これは私の指示でボクサーになる子のお母さんにそうしてもらったんですけれど……)、それをほどこうとしてもなかなかほどけないでいると、「あれは紐にしないで、マジックテープにした方がいいんじゃないの?」と、色々と本物の監督(担任)にアドバイスをしてくれます。1年生のころから見ると(2年、3年は劇をしなかったので……)こう言う面でも随分大人になったと、この学年を4年間担任している私としては驚いています。ああ、それから「ねずみの頭(かしら)だけ耳を大きくしたら?」とも言われたので、そのようにしました。でも、誤解しないでください。子供たちの考えは可能な限り取り入れるようにはしていますが、子供たちの言いなりにはなっていません。学芸会はあくまでも学校行事なので責任は教師にあります(当たり前の事ですが……)。従って、教師も納得した児童の意見のみを取り上げています。何はともあれ、当日をお楽しみに……と言ったところです。

・Y先生(去年、我がクラスに来てくれた教育実習生)も、学芸会を観に来てくれました。

突然の来校に子供たちも大喜びです。女の子たちに「学芸会を観た感想を書いて」とせがまれて左記してくれました。

「元気がよくて可愛くてすごく良かったです。いっぱい練習している事がよく分かりました。去年も良かったけれど、今年もすごく良かったです」と言う事でした。

この1年で、子供たちがとても大きくなった事にびっくりしていました。7月、8月の2回にわたり教員採用試験を受けたそうですが、何しろ4倍の倍率で「11月の初めの発表がこわい」と言っていました。Y先生の場合、実家のある十勝を受けたので、たとえ受かっても旭川に来る事はありませんが、とにかく合格して欲しいですね。Y先生なら、思いやりのある立派な先生になる事でしょう。

・Y先生（ＰＡＲＴⅡ）

「廊下を歩いていると、向こうから挨拶をしてくれたお母さんがいました。私の事、覚えていてくれたのですね。うれしかったです」「学芸会の練習は去年のようにビシッとしたんですか」と聞かれたので「あんなものではない、もっと厳しい」と言うと「うわっ」と言ってびっくりしていました。

○教室寸描　10月23日（担任より）

・10月から掃除区域が変わって、体育館の横のトイレ、保健室、2階の廊下、そして教室になりました（この学校も多い時は学年5クラスずつあって、全校で30学級もあったのですが、今は少子化という事で我が学年のように2クラスしかない所もあるので、掃除区域が多いのです。それでも、文句も言わずに子供たちは一生懸命やっています）。それまでは、南側の階段上から下まで全部、第一理科室、給湯室、そして教室でした。すると、保健のI先生が「先生のクラスは明るいですね。グループにもよるけれど、掃除をよくやるほうだと思いますよ」と、ほめてくださいました。担任のいない時にどのようにしているか……という事が担任としてやはり、気になりますね。

・10月24日　10月の体育はグランドでハードルをしたり、体育館で走り高跳びをしました。子供たちはハードルより、走り高跳びの方が好きなようです。予定外に体育をやると、子供たちは大喜びです（その分、次の週では減らされるのですが……）。22日（火）の5校時目も1組だけで走り高跳びをする事にしました。すると、「先生、今日は短縮授業で時間が短いから、先生もさっさと体育館に来てね。僕たちは授業5分前のチャイムがなったら、体育館を5周して待っているから……」と準備の良い事、良い事。その事を

B先生に話すと「体育になるとすごいね。国語や算数では間違えてもそんな事言わないのにね」と言って笑っていました。でも、私はギャング・エイジの4年生らしくてそれでいいと思います。もし、これがこのB先生の言うように、逆だったら（つまり、国語や算数でこういう準備をして、体育ではしなかったら……）、担任として、むしろそちらの方が心配しなければいけないと思います。

・11月1日　昨日（10月31日）の事です。帰りの会の時、図書委員が「話がある」と、担任に申し出てきたので、お話してもらいました。「今度、図書委員会ではクラスごとに読書調べをします。良いクラスには賞状も出ます。4年1組は今までに10冊しか借りていなくて、今のところ全校で最下位ですから、しっかり借りるようにしてください」すると、N君がすかさず「オーイ、明日は金曜日で4年生の借りられる日だ。早速、借りに行くべ」の、つるの一声が上がりました。確かに、いつも台本版（図書を借りる時に使います）は教室にたくさん残っていたなと担任も思っていましたが、全校で最下位とはちょっとびっくりしました。しかし、休み時間になると、最近は男子も女子も集団で遊んでいるようです。なかなか、文と体とは両立しないものですね。

・11月21日　つい先日、女子同士で1対1の口げんかをしていました。「バカ」「アホ」「サル」「デブ」「オタンコナス」ちょっと続いていたので、仕事をしながら側にいた私は「あら、負けそうな人、先生に言いにおいで。先生、手伝ってあげるから……」と言うと、一方が教室から出ていきました。そして、次の日、また、その二人で遊んでいました。子供ってこういうものなんですね。こういう喧嘩なら私の前だっておかまいなく毎日やっていますよ。そういえば、前任校でやはり4年生を担任していた時、これもやっぱり女子同士でしたが、喧嘩をしている現場にでくわしました。「喧嘩をしてもいいけれど、長引かせないでね」と言うと「今、始まったばかりだ」と、反対に言われてしまいました。4年生くらいになると、子供も考えているんですね。私は〃けんかして仲よし〃がいいと思います。

・12月5日　給食の時、担任と一緒のグループで食べていたU子ちゃん曰く「B君ね、片倉先生に弱いんだよ」「あら、どうして?」「私にちょっかいかけてきたら、『先生に言うからね』と言うと、すぐ『ごめん、ごめん』て言うさ」フーン、なるほど、なるほど。B君は担任には好き勝手な事を言っているようだけれど、やっぱり、担任は怖いのかな?

でも、これくらいでいいのかもしれませんね。

○〝おたよりノート〟より（児童から担任へ）

・10月20日　先生へ、今日は日曜日だったので朝からMさんと遊びました。お母さんが「外で遊びなさい」と言ったので、外へ出てから、Mさんに「何する」と聞かれました。二人で相談してごみや落ち葉など拾いながら行きました。ごみは飴などの紙袋が一番多かったです。拾いながら行くと知らないおばあさんたちが「今日、ゴミ拾いの日かい？」と聞くので、「いいえ」と答えると「じゃあ、自分たちでごみ拾いを始めたのかい？」とまた聞くので、「ハイ、そうです」と言うと「偉いねえ」とほめられました。朝からほめられて、気分が良くなったので、それからまた、どんどん歩いていきごみを一杯拾いました。（女子）

＊　＊　＊　＊　＊

担任の知らない所で良い事をしているのは大変気持ちがいいですね。そういえば、ある日の土曜日の12時半ころ教室へ戻ると、まだ、S君のかばんがあるではありませんか。12時前に教室の流しを自分から洗ってくれていたので「もう、それでいいから帰ってね」と言ったのですが、姿が見えないので探すと、誰もいない理科室の流しをひとりで洗っていたのです。成長期の子供です、お腹もすいていただろうに……と思うと、感動しました。〈担任より〉

○参観日は、子供もお母さんたちを良く見ています。〈担任より〉

参観日の次の日、子供たちに「お母さん、参観日の感想を何か言ってくれたかな?」と聞くと残念ながら2〜3人の子供しか言ってもらっていないようでした(もっとも、大勢の子が言ってもらっていても、子供たちが忘れている……と言う事も考えられますが……)。その中で「僕が『どうだった?』と聞いても、他のお母さんと喋っていて『よく見ていなかった』って言うんだもの。がっかりしたよ。僕はお母さんが来ていると思って頑張ってあの時間、3回も発表したのにさ」と言う子がいました。すると、「うちのお母さんはお喋りしないでしっかり見ていてくれたよ」「うちも……」という事でした。そこで「先生、〝なかよし・パラダイス〟(学級通信)にその事を書いておいて」という、子供からのたっての要望でしたので、書かせてもらいました。お母さんたちも確かに久しぶりに他のお母さんたちとお会いするのでつもるお話もおありでしょうが、まずは授業中の子供の姿をしっかり見ていて欲しいと思います。子供たちもお母さんが来ていると思うと張り切って勉強をしているようですから……。

○〝児童会役員立候補者の責任者の立会い演説〟より（児童作）2月21日

ぼくはこの度、副会長に立候補した4年1組のD君の責任者のZです。D君は、4年生の学芸会〝ハンメルの笛吹き〟でボクサーの〝ガッツD〟になって皆さんを笑わせました。また、先日の学校のお昼のテレビ放送では、4年1組の人気者として出ましたが、ユーモアがあってとても楽しい子なのでクラスの皆を1日に1回は笑わせています。

国語で〝ごんぎつね〟の勉強をしていた時、「兵十のおっかあはきっと『うなぎを食べたい』と言いながら死んでいっただろう」ときつねの〝ごん〟が思うところがあります。すると、D君はいきなり「先生だったら死ぬ時、何を食べたい？」と質問して、先生をびっくりさせました。

子供らしい子なので、〝ごんぎつね〟のようにいたずらもして先生に注意される事もありますが、もし、当選したら、児童会を明るく楽しくしてくれると思います。ですから、皆さん、副会長には4年1組のD君、D君をどうぞ、よろしくお願いいたします。〈この時、残念ながらD君は落選してしまいましたが、それにもめげずにD君は相変わらず学校生活を楽しく、生き生きと過ごしていました。担任より〉

＊　＊　＊　＊　＊

この時の学級通信〝なかよし・パラダイス〟は1年間で213号だしておりました。次の年は3年生を担任して学級通信名も〝1組ダイナマイト通信〟になりました。勿論、募集して皆で決めました。

【学級通信〝1組ダイナマイト通信〟】　1997年（平成9年）4月10日　3年生

○教室寸描

・4月8日（火）この日は3年担任二人とも朝の交通指導と言う事で、朝自習の課題は黒板に二人とも書いてありました。が、担任が二人ともいないと言う事で、新3年生にありがちな、廊下でチョロチョロ……と言う事がきっとあると思っていました。ところがどうでしょう。職員の朝の打ち合わせが終わってから行ってみると、二クラス共教室がシーンとなっているのです。あまりの静けさに、3年生はギャング・エイジと言う事ががっちり頭に入っている担任は、3年生全員が休んでしまったのか……と、錯覚《さっかく》するほどでした。そして、教室に入っていくと、みんな自分の席にすわって、出された課題をきちんとしているではありませんか。これを見て感激やの担任はまた、喜んでうんとほめて黒板に丸を赤チョークでつけました。そして、担任が児童をほめたら赤チョークで黒板に丸をつける約束をすると、何と帰りまでにいくつついたと思いますか。「さよなら」する前に数えてみると7個もついていました。その7つを担任が覚えている限り書いてみると、1つ目は朝自習の事、2つ目は〝3年生になって〟の作文を書けなかった子がひとりもいなかった事、3つ目はみんなの手のあげ方が良い事、4つ目は給食時間のお行儀の良い事、5つ目は担任が指名した訳でもないのに、全員が最低でも1回は発表をした事（ちなみに最高は5回でした）、6つ目、7つ目は良い事がありすぎて何だったか忘れました（年は取りたくないものです）。

・昨日の帰りの会の〝良い事発見〟では、出ました、出ました。「黒板に丸がたくさんついて良かったです」「花係の人が中休み、先生に頼まれた事を先生がいなくてもきちんとやっていました」「皆、本を借りていていいです」「体育が始まる時、先生が体育館に来ていなくても、皆、集まっていました」「休み時間はみんな遊びに行って教室に残っている人が少なくていいです」そういえば2組のK先生が「1組も元気が良くていいですね」とほめてくれました。

・4月9日　給食時間、児童のグループに入って担任も一緒に食べていると、「先生って、おもしろいね」「どうして?」「プリントで満点取ったら〝やったぜ、ベービー〟とか〝すんばらばらしい〟とか書いてくれるもの」「『赤ちゃんが泣いた時、こんな顔をするといいよ』と言って面白い顔もするもの」まあ、ここまではいいのですが、「先生の年、いくつ?」にはまいりました。いくつになっても（いや、年を取れば取るほどかな?）年は聞かれたくないものです。それで「60歳」と言うと「えっ、それはおかしいよ。だって、前の校長先生は60歳になったから止めたんでしょう?　60歳になったら先生をやめないとならないんでしょう?」いやあ、子供って良く知っていますね。57歳くらいに言っておけば良かったと思っても後の祭りです。それで、しかたがないから「25歳」と言うと「うっそだあ」とけんもほろろに言われてしまいました。ちょっと、さばを読みすぎましたね。30歳代にしておけば良かったかな?

学級活動も面白かったですよ。係を決めるのですが、ただ、〝体育係〟〝金魚係〟じゃあ面白くないから「〝わんぱくドッチボール係〟とか、〝ミニミニ水族館〟にしたら？」と、担任が提案するとすぐに子供たちはのってきてくれて「係はみんなそのようにしよう」という事になりました（実はこれ、教師の虎の巻〝教育技術〟にのっていたのですが……）。ところが、全部で13個も出てきて多すぎると言う事になり「どれかとどれかを合体しよう」と言う事になりました。すると、すぐにV子ちゃんが「〝わんぱくドッチボール〟と〝はてな？ゲーム〟を一緒にしたらいい？」と意見をだしました。すると、A君が「それは中味が違うから別にした方がいい」と言うので私がどのように違うのか聞くと「〝わんぱくドッチボール〟は体育だけれど、〝はてな？ゲーム〟は遊びだから」と言うんですね。そこで、担任はV子ちゃんにも合体する理由を聞くと「2つ共楽しい事をするのだから、同じだと思う」なるほど、なるほど。他にも3人の子がこの二人と同じような考えを出したのでまとまらなくなりました。「どうしたらいい？」と担任が聞くと、すぐに「多数決」という声が出ました。数を数えると（これもまた、私は全員を下に向かせて机に顔を伏せ、手をあげさせるのです。なぜ、先生はこうするのかと児童に聞くと「他の人の考えに迷ったら困るから……」と担任と同じ考えもありました）、結果は15対16の接戦で合体しない事になりました。すると、A君はにこっとしました。V子ちゃんや他の自分の考えを出した子にも、勿論、担任はうんとほめましたよ。3年生もバカには出来ません。皆、一生懸命、3年生なりに考えるんですね。びっくりしたり、楽しんだりした学級活動でした。〝ギャング・エイジ〟真っ只中の3年生って面白いですね。この日、黒板に丸が10個もつきました。

○担任、迷子になる！（家庭訪問より）

案の定、家庭訪問2日目に担任は迷子になってしまいました。訪問する時間が大変遅くなりました。ご迷惑をおかけしてすみませんでした。マンションにお住まいの方は何号室まで（少なくても1階か2階かくらいまでは）書いていただけるとありがたいです。そして、表札もかけておいてほしいですね。

訪問時間は予定表では各ご家庭一律になっておりますが、お子さんも一人ひとり違うので、皆さん同じ時間に「はい、これで終わり」とはいかないんですね。最後の方は大幅に遅れていますが、お許しください。〈担任より〉

○教室寸描（1）

・5月27日　昨日、私と一緒のグループで給食を食べていたL君が「先生、大雪山が綺麗《きれい》に見えるよ」と、教えてくれたので振り返ってみると、くっきりと空に浮き上がって見えました。「あら、綺麗だね」と言うと、X君がすかさず「遠くの山を見ると目にいいんだよね」と言い、すぐ「今日の山は近くにあるように見えるね」とも言いました。今の子供は感性が乏しいと言われますが、なかなか、どうしてどうして……この会話を聞いている限りはそんな事はないと思います。私も給食を食べながら子供たちと美しい山を眺《なが》め、幸せな気持ちになりました。

○教室寸描（2）

・担任「運動会がある時は当日の6時に花火が上がります」

W「夜のですか」

・5月31日（土）9時50分ころ

B子「先生、今日、何時に帰れるの？」

担任「10時過ぎだから、もうすぐ帰れるよ」

B子「『早く帰っておいで』って、お母さん言ってたよ。それでないとルミネ（スーパー）の運動会のおかずの材料がなくなるんだってさ」

・5月は毎日のように宿題を出していましたが、出さない日も何日かありました。すると、S子「先生、宿題ないの？　うちのおばあちゃんね、『先生、休んでいるから宿題ないのか』って、言っていたわ」

・C子「うちのお母さんね、『先生、どこの生まれ？』って聞いていたよ」

担任が察するには、テストやプリント類に〝すんばらしい！〟とか〝ざんねん、むねん、口おしや！〟とか〝やったぜ、べービー！〟などと書くから、なまりのある本州生まれとでも思ったのでしょうか。いいえ、担任はれっきとした旭川生まれです。他の旭川生まれの教師と違うところは〝育ちが悪かった〟と言うところでしょうか。〈担任より〉

・先日の〝ダイナマイトつうしん〟（学級通信）、上質紙で配られましたよね。すると、すぐ、子供たちが指摘したので「印刷のお姉さん、紙をまちがえちゃったんだって」と言うと、J君、「印刷のお姉さん、また、間違えてほしいなあ」ですって。

・朝、8時ごろ、2組の子が黙って1組に入ってきました。すると、すでに登校していた

C君がすかさず「1組では朝教室に入ってくる時は必ず『おはよう』って言うんだよ」と言いました。2組の子が「おはよう」と言うと「声が小さい。大きな声で言わないとだめだよ」と、また、C君が注意していました。担任の行動をよく見ていて、児童はその通りにするものだと思いました。

○国語の宿題、朗読〝のらねこ〟の練習を聞いての感想（お家の人より）

・今回は会話の多い文章でスラスラと楽しそうに読んでいました。

母「〝のらねこ〟はどんな気持だったんだろうね」

S「くすぐったかったんじゃないの?」

母「やってみようか」

S「うん、やってみよう」

二人でねそべって手を伸ばし合い母がりょう（この物語に出てくる男の子）、Sが〝のらねこ〟です。

母「どう?」

S「ちょっと、びくっとする」

もう少し、手を重ねてみると
S「あったかい、いい気持」
母がやさしくなでてみると
S「何か、にこにこしちゃう」
母「もし、りょうの家の猫が来なかったら、のらねこもなでてもらって気持よかっただろうにね」
S「そうだね」
と言って、おもむろに我が家のねこをだっこしてかわいがり始めました。最初は手の先から順々になでて、頭までゆっくりやさしくなでてやりました。思った通り、家の猫も目を細めてにこにこしているように気持ちよさそうでした。
母「Sがやさしくなでてやると、猫もわかるんだね。にげようとしないでやさしそうな顔をしているよ」
S「ほんとだね」
母「〝のらねこ〟は、屋根の上かられりょうとりょうに飼われているねこを見ながらどう思ったのかな?」

Ｓ「楽しそうだなあ、いいなあって思ったんじゃない？」

母と子の楽しいひと時をありがとう、〝のらねこ〟さん。（母より）

・〝のらねこ〟の朗読を聞かせてもらいました。このごろ、咳《せき》が出ているので何度も咳をしながら読んでいるので、聞いている私もわかりずらかったのですが、本人もつらそうでした。35Ｐの「かわいがってやるもないもんだ」の所が区切る場所が分からず、何度も読み返していました。りょうと〝のらねこ〟との会話が楽しいですね。我が家でも犬を飼っていますが、毎日会話をしています（もちろん、一人芝居ですが……）。（母より）

○児童と担任との会話より（Ｐは児童、Ｔは担任）

・Ｐ「久しぶりに漢字が出てきたよ」（新出漢字が国語に出てきた時）

Ｔ「多分、耳の三半規管が圧迫されて、揺らされたら吐きたくなると思うよ」（友達が風邪のため、嘔吐《おうと》した時）

Ｐ「先生、Ｔ君のおもしろいよ。見てごらん」（版画の版を作っている時）

・クリスマスが近づいてきているので、給食時間もその事が話題になりました。

Ｐ「先生、サンタクロースがいると思う？」

T「さあね、でも、もしいるとしたらサンタクロースのおじいさんはね、クリスマスの日は〝クルシミマス〟になるんだよ」

P「どうしてさ？」

T「どうしてだと思う？」

P「たくさんの家を回らないとならないから、疲れる」

P「プレゼントをたくさん買わないとならないから、お金がかかる」

T「ブー、残念でした。先生がサンタさんに手紙で聞いてみたらね、子供たちに分からないように枕もとにプレゼントを置くのがとっても大変なんだって。B君みたいにこうして（担任が片目をつぶる）眠ったふりをしている子がいるから、本当に眠っているかどうかを見分けるのに苦労をするんだって。だから、〝クルシミマス〟になります」

T「それに今は煙突のないうちが多いから、入るのにも困っているそうです」

と言うと、

P「違うよ、先生、サンタクロースはいないと思うよ。お父さんとお母さんが僕たちの欲しい物をそっと買っておいて、僕たちが眠ってしまったら枕もとに置くんだよ」

さて、お宅のお子さんは、どのように思っていますか。私、個人としては子供の夢は、自然に分かるまでそっとしておいてあげたい方ですね。

・

P「姉ちゃん、風邪をひいて土曜日から休んでいるよ」

P「先週、水泳大会があったんだよ。また、今週の日曜日も北見でやっているよ」

P「先生、昨日ね、いい事と悪い事があったよ。良い事は僕の好きなラーメンを食べれた事で、悪い事は車に酔ってしまった事だよ」

P「先生、お正月、何時まで起きているの？」

T「ああ、大晦日ね、12時だよ」

P「僕も……」

P「早く、お正月来ないかなあ」

T「どうして？」

P「お金、貯めるの」

T「そして、どうするの？」

P「貯金するの」（ご立派）

・

10月の雪の降ったある朝、教室へ入ってくるなり、

P「寒かったなあ。うちの屋根がすごかったさあ」
T「雪でも積もった?」
P「いや、雪が解けて、水がたくさん落ちてたよ」
・休み時間
P「今日は、アメリカ料理の給食でしょう? じゃあ、アメリカの子供も日本の給食を食べているのかな?」

P「やっと、漢字ノートに埋めてきたさ(書いてきたと言う事)」(漢字ノートを指して……)

P「雪だまを作ってお姉ちゃんにぶつけようとしたら、解けちゃったさあ」

P「お休み、たくさんあるね」(学年通信〝ジャンプ〟の日程表を見て……)

P「〝もうへいこう〟って、1つの言葉なの?」(国語で〝ソメコとオニ〟の勉強をしている時)

P「昨日ねえ、英語のねえ、ワークをしたりねえ、物語を読んだりしていたら、8時一寸過ぎていたんだよ。それから、お風呂に入って寝たよ」(朝、学校に来て……)

P「先生、うちのセキセイインコ〝ちゅちゅ〟って言うんだ。３歳になるんだよ」（給食時間、担任と一緒のグループで食べていた女の子）

P「先生、山、綺麗だよ。見てご覧」（給食時間、我がクラスから少し見える、雪をかぶった綺麗な大雪山を見ながら……）

P「うちのママ、お昼、何を食べているかなあ？」（給食時）

P「先生は、春、夏、秋、冬のうち、どの季節が好きですか」（理科の時間）

P「じいちゃんの所へ行って、だいこんを取ってきたよ。でも、短いのばっかりだった」（朝、学校へ来て……）

P「先生、今日は忘れ物をしないで来たよ」（休み時間）

P「変なおじさんがいたら、どうしたらいいですか？」

P「『変なおじさんですか』って、聞いてみる」

P「お仕事、頑張ってね」（帰る時、教室で仕事をしていた担任に対して）

P「教えてくださりありがとうございました」（算数の時間、個人的に分からない所を教えた後で……）

P「〝ダイナマイト通信〟（学級通信）にのせたら？　そしたら、お母さんたちにもよ

く分かるよ」（国語で〝ソメコとオニ〟の続きのお話を作った時）

・社会の米作りの勉強をしている時

Ｐ「何年前から、機械を使っていたの？」

Ｐ「機械でやるより手で作った方が、お米は美味しいんだよ。機械の油もお米に入らないしね」

・

Ｐ「今日は10月最後の日だね」

Ｐ「Ｋ子ちゃん（妹の名前）の誕生日だから、僕、プレゼントするの」

Ｔ「Ｋ子ちゃんに先生も『誕生日、おめでとう』って言っていたと伝えておいてね」

これらは、全部、10月のある日の会話でした。

○〝ふれあいノート〟より（保護者と担任をつなぐ）

・5月4日　家庭訪問、ご苦労様でした。雨の中を歩いて大変でしたね。Ｓは先生が来るのを待っていました。

Ｓ「お母さん、片倉先生って、おばさんだよ」

母「そんなに？」
S「もう、おばあちゃんかもしれないよ」
母「おばあちゃんって、いくつくらいなの？」
S「うちのばあちゃんと一緒くらいかなあ？」（ちなみにばあちゃんは65歳です。先生が可愛そう）
母「うっそう」〈このお母さん、初めての参観日には来れなかったので、家庭訪問の時に初めてお会いしました。担任より〉
こんな会話を家庭訪問が始まったころからしだして、先生の事を毎日一生懸命、教えてくれました。普段はあまり話したがらない子ですが、なぜか、先生の事になると色々話してくれます。家庭訪問では先生とお話があまり出来なかったけれど、先生のやる気がSにも伝わるといいなと思っています。これからも、どうぞよろしくお願いいたします。
・5月6日（火）先日、現金、通帳、保険証などを入れた袋を無くしてしまいました。ベランダの鍵も開いていた事から盗まれたかもしれないと、急いで銀行に電話をしたり、会社に連絡したりと大変でした。仕事が忙しくてテーブルの上に袋を出しっぱなしにしていた私がいけなかったのですが、とてもショックでした。それから、3日ほどして諦《あきら》めもつき、通帳の再発行の手続きをしようとした前日の夜、Wが「もしかしたら、バックがあるかもしれない」と、怒られると思ったのかおずおずと言葉を切り出してきました。そこで、ようく聞いてみると、「これは大事なお母さんの袋だから……」と思い、隠しておいてくれたのです。Wも、自分で隠しておいた事を忘れてしまったのは残念ですが、この心配りはとても嬉しくてほっぺたにキスをしてしまいました。

○〝マザー・テレサ〟の死に思う（担任より）

9月9日記　ノーベル平和賞を受賞し、「スラムの聖女」と呼ばれた〝マザー・テレサ〟が死去しました。世界の100カ国以上も回り恵まれない人々のために尽くした訳ですが、日本にも3回ほど来ました。その時、言った言葉が私の心に強く残りました。「日本は一見豊かだが、精神的には貧しいのではないか。もっと、家族を大事にしなければ……」と、忠告したそうです。また、「日本人はインドの事よりも日本の内なる貧しい人々への配慮《はいりよ》を優先して考えるべきです。愛はまず、手短な所から始まります」とも、言っています。この場合の〝日本の内なる貧しい人々〟とは、物質的に貧しいのではなく〝心が貧しい〟と言う事ですね。「日本には心の貧しい人がたくさんいるから、そういう人たちに〝心の栄養

（思いやり）〟を与えなさい」と、言っているんだと私は解釈をしています。と同時にこういう人に育てた〝マザー・テレサ〟のご両親とはどういう人だったんだろうと思います。両親の生き方が少なからずその子の人生に大きな影響を与えるからです。こう考えると、親になるのは大変な事ですね。やはり、子育ての勉強をしなければいけないと私はここでも思いました。

○教室寸描　8月22日（担任より）

・〝お母さんの勉強室〟と書いてある〝1組ダイナマイト通信〟を見たB君、「へえ、お母さんも勉強するの？」ときました。そこで「そうだよ。だからね、おうちで皆がお母さんに『勉強しなさい』と言われたら『お母さんもしなさい』と反対に言ってあげたら？」と担任は悪い事を教えました。

・昨日、夏休み作品の特選を8点選んでいたらU子ちゃんが「男子4点、女子4点にしたら？」と言いました。そこで、すぐに皆に聞くと主に男子から「良い作品が男子と女子に4点ずつあるとは限らない」と言う意見がでました。そこで、担任も一言「男子は19名、女子は11名しかいないから、男子と女子と同じ数ずつすると不公平かもしれません。

でも、これは体育とは違うので、男子と女子の力の差はあまりないから、先の男子の意見もなるほどなと先生は思います」そして「でも、U子ちゃんは、皆に反対されるかもしれないと思いながらも、自分の考えを言う事はとても立派です」と、私は付け加えました。これからの教育は昔と違って、正しい答を1つ言って皆で「イーデース」と言うのではなく、あえて、考えを出して「あーでもない、こーでもない」と練《ね》り合う事が大切とされています。そのためには、ここでも、自由に言える人間関係が大切なんですね。

・9月5日　算数で「75×6の式になる問題を作りなさい」というのをやっている時、S子ちゃんが「〝かんおけ〟ってなあに?」と急に聞きました。すると、担任が答える間もなくL君がすかさず「死体を入れる物だべさ」と答えました。少ししてS子ちゃんが「1個75円のかんおけが6個ありました。全部で何円になるでしょう」と言う問題を作りました。確かにこの問題は間違えてはいません。合っています。すると、すぐ、B君が「1個75円なんてそんな安いかんおけがあるかあ」と、言っていました。そこで、担任がS子ちゃんに「どうして〝かんおけ〟って出てきたの?」と聞くと「意味は分からなかったんだけれど、そういう言葉があったなあと思って言ってみたの」だそうです。子どもって面白いですねえ。また、L君も〝かんおけ〟の意味を知っていたし、B君も〝かんおけ〟が1個75円では買えないと言う事もよく知っていたと担任は感心しました。勿論、このS子ちゃんの〝かんおけ〟の質問で教室が笑いの渦になったのは言うまでもありませんし、こう言うのって、担任は好きです。とかく難しい顔になりがちな算数の時間にこう言う笑いがあってもいいじゃありませんか。また、私は素直な質問を出したSちゃんをもうんとほめましたよ。大人だったら、分からなくてもこういう質問をしないですよ。だから、私は子供のこういう素直な所が好きなのです。テレビのお笑い番組と違って、子供は人を笑わせようとしなくても自然に回りを笑わせる所がいいですね。この一言で教室の算数の緊張した雰囲気をぐっと和らげてくれました。S子ちゃん、ありがとう。

○卒業笑書

7校目のこの学校を去る時、送別会で職員の皆さんから卒業証書ならぬ、卒業笑書なるものを頂きました。私の特徴を面白、可笑しく書いてありますので、左記致します。

卒業笑書

片倉栄子殿

あなたは、大きな声、笛、棒という3つの武器を自在にあやつり、みごとにやんちゃな子どもたちを掌握《しょうあく》していました。

大きな声は3階の5年1組を通り抜け、天をつらぬき、口紅がうっすらとついたセクシーな笛の音は大地を裂《さ》き、そして、棒は振るたびになぜか短くなるという魔法の棒でした。

しかし、これらはあなたの本当の武器ではありません。

あなたには、子どもたちが引きつけられる明るさとR子ちゃんも安心して甘えることができるやさしさがあります。そして、何よりもお手伝いしていたE先生がほとんど諦めていた学芸会の器楽演奏を完成させ、居酒屋〝バンガロウ〟を居酒屋〝ガンバロウ〟と言い間違えるほどの頑張りやなのであります。

これらの3つの本当の武器をひっさげて、これからも活躍されんことを祈念申し上げます。

1998年（平成10年）3月31日

旭川市立M小学校　職員親睦会

この送別会で、私と同じように他の学校へ転勤になるB先生が、「次の学校へこの卒業笑書を持っていき、『私はこういう者です』と言って、読むといいよ」と言い、大笑いしました。

そして、もう1つ頂きましたので、お知らせします。

㋕らっとした
㋟からかな笑い
㋗らすの
㋶いおんたちを
㋓いっとばかりに
㋑い子に変身
㋙れからもご活躍を

この学校を去った次の年に卒業式の案内状を頂きましたが、私も8校目の卒業式と同じ日に当たり出席出来ませんでしたので、左記のような〝祝辞〟を送らせてもらいました。

なお、この時の卒業生（6年生）は私が1年～4年までの4年間担任した学年でした。

祝　辞

卒業、おめでとうございます。

皆さんを1年生から4年生まで担任しましたので、思いでは山のようにあります。

1年生の入学式の日にもみじのようなかわいらしい手ひとりひとりと握手をしましたが、皆さんは覚えていますか。今では、私よりも大きな手になった人もたくさんいるでしょうね。

2年生の時、私が具合を悪くして教室の教師用机にうつぶせになっていると「先生、大丈夫？　保健室へいったら？」と心配してくれて、自分の着ているジャージをぬいでそっと私にかけてくれた女の子、また、「おい、このつづきの算数の勉強をやってるべ。おまえ頭がいいから先生のかわりになれ、おまえ字が上手だから黒板にチョークで書け」と言って授業を進めてくれた男の子など……今でもはっきり脳裏に浮かびます。

3年生の学芸会では、音楽という事でG先生の指導でむずかしいディズニーの曲をいくつもよく覚えたと思います。

4年生の学芸会でも総合劇〝ハンメルの笛吹き〟をきびしい練習によく耐えて頑張りましたね。

そして、6年生の学芸会……私も観させていただきましたが、こんなに上手な6年生の歌を今まで聞いた事がないんではないかと思われるほどで、さすが、最高学年……と思いました。

たくさんの思いでを胸に巣立つ6年生の皆さん、自由な考え方で自分らしく個性的に生きていってほしいと思います。

本日は本当におめでとうございます。

1999年（平成11年）3月吉日
旭川市立Q小学校　片倉　栄子

この7校目の学校から、私は児童を我が家へはつれてこれなくなりました。〝事故がおきたら困る〟という理由からです。児童を我が家へつれてくると、児童と担任との人間関係がすごくよくなると思うのに、残念でなりません。

8校目

3階からの大雪山連峰の眺めが最高……

1998年（平成10年）4月

いよいよ最後の学校になりました。この学校も学級通信（富士山）にのせた事を中心に書いていこうと思います。

【学級通信〝富士山〟】

○1998年（平成10年）4月

進級おめでとうございます。

着任式でステージの上から全校生を前にしてどこが3年生かな？　と見ていたら、いました、いました。ステージの上から見ると左側の前の方に……（この学校では朝礼などの式をする時、前の方に1～3年生が、後ろの方に4～6年生が並ぶのです）。1組、2組、3組だから、多分我がクラスになる3組の子供たちは一番左端だろうなと思っていたら、予想が当たりました。校長先生からの担任発表の時、2組の新卒のZ先生の紹介では、2組から少し歓声があがりました。やっぱり、子どもたちは若い先生がいいのかな？　と思うと同時に、前任校（7校目の学校）での去年の今ころの事を思い出しました。私は去年も3年生で新任の男の先生と組んだのですが（その時は2クラスでした）、始業式が終わり家へ帰ってからのH君の第一声が「隣はいいな。若くてかっこいい先生だもの」だったそうです（後で、お母さんが教えてくれました）。でも、ここで私に今さら若くなれと言われてもどうしようもない事ですから、この1年間が終わった時、「おばさん先生でも良かったあ」と思われるように、全力投球で頑張りたいと思います。

○担任紹介

この4月1日付けでP小学校の右斜め後ろの方にある○小学校から転勤してきました。近年は中学年を多く担任しております。

私自身、エネルギッシュで、ギャング・エイジ真っ只中の3年生が一番好きです。今回は教師生活で8回目の3年生担任ですが、今度はどんな3年生なのか楽しみにしています。気持ちは実年齢よりもずっと若いつもりでおりますので、どうぞよろしくお願いいたします（上の似顔絵は、私が描いたのではありません。2年前に、4年生を担任した時、絵の上手な女子が描いてくれま

した。私が描くよりもはるかに上手なので、使わせてもらいました）。

○教室寸描

・始業式で校長先生の担任紹介の時、３年３組の子どもたちの前に立つと前から２番目の女子が私に可愛い手を出して握手を求めてきました。この時、私は教員になって35年たっていましたが、こう言う事は初めてだったし、それがとても自然に思えたので嬉しかったです。

・着任式、始業式、そして、入学式と３つも式があったものですから、活動的な３年生にとって苦痛なんですね。「先生、まだ、終わらないの？」と聞かれました。

・教室に入ってから短時間で８枚ものプリントを配り、そして、新しい教科書もですから、ゆっくり、子どもたちとお話もしないで終わったと言うのが、第１日目の感想です。

・〝給食だより〟を配ると10日の〝豚汁〟と言う所を見たＤ君「これ〝焼き鳥〟だったらいいのになあ」という事でした（これに「お酒がついていたら……」とは言わなかったので、担任はホッとしました）。

・「先生のおうち、どこ」「東光だよ」「じゃあ、遊びにいってもいい？」「エッ、もう、早っ！」この学校は同じ東光なので、担任の家が学校から近いと思ったのでしょう。子どもってこういう触れ合いを求めているんですね。

・Ｍ「今日は嫌な日だな」
担任「どうして？」
Ｍ「部屋を綺麗にして静かにしていなきゃあならないんだ」
担任「ああ、家庭訪問だから……？」
Ｍ「うん」
Ｂ「自分の部屋だけ１日ぐらい綺麗にしておくんならいいべや」
Ｍ「いいや、そうでないんだ。自分の部屋は狭いからいつも茶の間で友達とちらかして遊んでいるんだ。ところが、それが今日は出来ないからつまらなくてさ」
ふんふん、なるほど、なるほど。活動的なＭ君にとっては、じっとしている事が苦痛なんですね。そういえば、担任も小学１年生のころを思い出しました。朝会などでじっとしていなくてはならない時、ただただ、教室へ入った時、担任の女の若い先生に「あら、栄子ちゃん、お行儀が良かったわね」と、ほめられたい一心で我慢をしていた事を……。

・Ｓ「先生、動物アレルギーでない？」
担任「いや、大丈夫、先生の家にも室内犬（ポメラニアン）を飼っているから」
Ｓ「じゃあ、良かった。家にね、モルモットとフェレットがいてさ、従兄弟が来たら、その従兄弟動物アレルギーでね、大変だったんだ」
担任「フェレットってなあに？」
Ｓ「いたちの仲間でね、犬や猫のように鳴き声を出さないから、家みたいにマンションで飼うのにはいいんだよ」
さて、そのお宅へ行って早速、フェレットを抱かせてもらうと、顔はねずみに似ていて我が家の犬に比べるととても軽かったです。体重を聞くと１・５キロしかないそうです。ちなみにうちは４キロあります。
家庭訪問で子どもたちとお話ししながら歩いていくと、特に普段大人しい子とのコミュニケーションが取れて良かったです。

○学芸会、猛練習しました！（9月24日記　担任より）

職員室から一番遠い教室が3年生。その階段を上がってくると、休み時間には必ずと言っていいほど学芸会の歌を弾いているオルガンの音が聞こえてきます。そうです。3年生3クラスのうち、どこかのクラスの子どもが弾《ひ》いているのです。4曲あるのですが、どれも子どもに好かれそうな調子の良い歌なので、何度聞いても子どもたちにはあまり飽きられないようですね（前任校の4年生でやった総合劇〝ハンメルの笛ふき〟をまたやりました。好評でしたので……）。

さて、練習は……と言いますと、出来るだけその子のやりたい役を割り当てたかったのですが、希望通りにはいかなくて担任としても悩みました。そんな時、「僕は本当は鼠《ねずみ》の役をやりたかったんだけれど、歌に代わってもいいよ」と自主的に言ってくれたX君、担任としては感謝、感謝でした。

私は主に劇の方を担当しましたが、監督の私がいつもニコニコして「いいよ。いいよ」では、お客さんにお見せ出来る劇になんかはなりません。特別時間割になった7日からすぐに子どもたちをステージに上げ、まずは、大きな声を出させる事から始めます。私が劇を担当すると何処の学校へ行っても1年生からやる事ですが、私が体育館の後ろに行って大きな声で台詞《せりふ》を言ってお手本を示します。そして、それに身振りをつけさせます。出来るだけ、身振りは児童に考えさせようとしましたが、その自主性を待っていたら、出来上がるのは冬休みになってしまいそうです。そこで、やむなく教師が教えてしまいました。監督は体育館のステージから一番遠い所に立っていて「聞こえな～い」「動作をもっと大きく……」「うまい！」などと、ほめたり、注意したりして大きな声を出すので、おかげで学芸会の時期になると私の声はガラガラです。出来の悪い所は休み時間にプレールームで部分練習です。女子の声を聞いた時、声が小さくて初めはどうなる事かと思いましたが、しった激励しているうちにだんだんと大きくなってきました。どの子も一生懸命練習している姿を見ていると、指導をしているはずのこっちの方が、いつのまにやら励まされていました。また、３クラスばらして練習をしているので、他のクラスの子とも仲良くなれて、その点も良かったと思っています。指導していて気をつけているのは特にたくさん注意をした子に対しては必ず「前よりもここが良くなった」とほめて、やる気を起こさせるようにしています。

〇学芸会、いよいよ、父母公開日（９月23日）です

昨日（９月24日）は学芸会児童公開日でした。３年生も全員一生懸命頑張りました。劇の方では大きな声、大きな身振り、歌の方では大きな口を開けてC先生の方を見ているかなどに気をつけて、ご覧下さい。そして、終わったら、必ず一言は良い所を言ってあげましょう。また、習字、工作なども展示されています。3年生は夏に貼《は》った写生展の場所と図工室に置かれています。こちらも頑張りましたので、一言、声をかけてあげましょう。大人もそうですが、子どもは何かをした時、その反応（特に励ましの言葉）を示すと喜びます。ただ、「上手だったよ」「良かったよ」だけでなく「大きな口を開けていたね」「あの動作が大きくて良かったよ」「工作は細かい所まで作っていたね」「自分で作ったああいう子ども部屋が欲しかったんだね」などと、具体的に言ってあげると子供はとても喜びます。

私は1週に少なくても1回は〝お便りノート〟を書かせていますが、「今日は何と書いてあるかな？」と言いながら、私の返事を読む子供たちの顔を見るのが大好きです。それを励みに私はせっせと返事を書いています。

○教室寸描

・今、国語で〝ソメコとオニ〟の物語文を学習していますが、「皆がソメコのように突然オニに出会ったらどうする？」と言う質問から「先生が、オニと出会ったらどうすると思う?」と聞いてみると、初めは子どもたちも「逃げる」とか「腰をぬかして動けなくなる」とか言っていたのですが、そのうちにZ君が「先生はそんなやわでないよ。棒を持ってオニのお尻を叩いている」とか「先生はたまに自転車に乗っている時があるから、その自転車をオニにめがけてぶつけている」と言う勇ましい考えが出てきました。普段の教室での担任の態度が、子どもたちにそういう考えを出させるのですかねえ〜。

・後期学級係を決める時も、学級委員長、副委員長は12名、書記も13名と大勢の立候補者が出ました。また、その後の係を決める時も、皆、大変意欲的で「前期の○○係はあまり仕事がなかったからいらない」「△△係は作った方が良い」など意見も活発に出ました。そして、係を画用紙に書く時も、与えられた枠の中で色々と工夫していました。私は学級活動などで自由に活動する子供の姿をじっと見ているのが好きです。人間は誰でもそうですが、特に子どもは、この人の前では自由にさせてもらえると分かると、自分を出してくるので、見ていても子供の個性が分かって楽しいですね。これからも、子どもには出来るだけ自由を与えたいです。

○教室寸描（4月のある日）

・8校目になってすぐに、3階にある我がクラスから見える残雪が残っている大雪山がとても綺麗に見えたので、グループで給食を食べながら担任が「ねえ、皆、大雪山がとても綺麗だよ。見てごらん！」と言うと、A君がすかさず「違うよ、先生、あれはね大雪山ではないよ。正しくは〝大雪山連峰〟と言って、旭岳や黒岳など色々な山が集まって〝大雪山連峰〟って言うんだよ」には、担任も一本やられました。この時はまだ3年生の初めだったので「A君、難しい事をよく知っているねえ」と言うと「地理に詳しい親戚のおじさんに教えてもらったんだ」と言う事でした。なるほど、なるほど。たとえ、3年生を相手でも担任もちゃんと勉強をしないとならないですね。〈担任より〉

・11月6日　グループで担任も一緒に給食を食べていた時のおしゃべりです。

A子「うちのお父さんはね、会社で釣りクラブに入っているのでよく釣りに行くの。海釣りだけれど場所は何処だか分からない〈担任がすぐ「どこへ行ってきたの？」と聞くものだから、先に言われました。担任より〉。それで、カレイを腐るほど釣ってきて、冷凍したり、天ぷらにしたりして、色々だったよ。

B子「うちのお父さんも魚釣りをするけれど、お父さんは釣るだけで自分はあんまり食べないの」

担任「先生のうちもね、魚釣りではないけれど狭い庭に野菜を作っているの。でも、作るのはもっぱら先生の旦那さんで食べるのは主に先生だわ」

C子「そんなの何だか変だ」と、言われました。

・次の事は養護教諭のD先生から聞いた話です（11月の末のある日）。

我がクラスのJ子ちゃんが具合が悪くて保健室で寝ていました。D先生が用事があって保健室を空けているうちに、J子ちゃんは気分が良くなったのか窓際へ行き、チラリ、ホラりと降ってくる雪をしばらく見ていたそうです。D先生がもどると、「D先生、空から白いお便りが降ってきたよ。何て書いてあるんでしょうね」と言ったそうです。その言葉にびっくりしたD先生、「何と言ったらよいか分からなかったけれど、とっさに『そうねえ、〝皆が元気であるように〟とでも書いてあるんじゃないの』と養護教諭らしい、月並みな事を言っちゃったけれど、J子ちゃんてたいした子だねえ。まるで詩人みたいな事を言って……」とびっくりしていました。

・これはお母さんが後で教えてくれたお話です。

C子ちゃんは足が少し不自由だったのでスキーはほとんどすべれなくて、スキー授業もいつも皆とは別にすべっていました。

スキーのあるこの日、家を出る時も「今日はスキーがある。C子いやだなあ。先生にも皆にもめいわくをかけるから」と言いながら重い足どりで家を出たそうです。

ところが、帰りはルンルン気分で「今日ね、先生に、うんとほめられたさあ」という事で、あまりの変わりように、お母さんは、得意な歌でもほめられたかと思って、よく聞いてみると、スキーでほめられたというではありませんか。私はびっくりしてしまいました。

ここからは私（担任）の説明です。

いつもなら、C子ちゃんをひとりで皆とは別のメニューですべらせて空いている教師にみてもらうのですが、この日はあいにく空いている教師がいなかったのでひとりですべる事になりました。担任の見えるところで、一生けんめい、ひくい山をのぼったりおりたりして、まじめにやっているC子ちゃんを見ていると、とてもいじらしくなって「C子ちゃん、上手になったよう」「頑張ってね」と担任も声をかけていました。そして終わってから教室で「今日のスキーで一番頑張ったのはC子ちゃんです。訳は、みんなとは別にひとりで一生けんめいにやったからです」と担任が言って、クラス全員で拍手をしてあげました。

こういう事があったので、C子ちゃんはとても喜んだのだと思います。

○3年生、無事、修了しました

私も去年の4月にこの学校へ転入しまして、あっというまに1年間が終わったような気がします。皆さんのお子さんと出会い、色々な事がありましたが、楽しい思いでの方が多かったです。個性的な子が多く、良い事も悪い事もする子供らしい子が多いクラスでしたから、失敗もたくさんありました（最も、私はおりこうさん的な子よりもこういう子の方が好きなんですけれどもね）。例えば、給食を2回引っくり返したり、「先生のクラスのJ君、塀《へい》に登ろうとしていたから注意しておいたから……」と、他の教師が教えてくれたり、「先生、私、階段を7段とびしました」と告白されたり……、でも、楽しい事も山ほどありました。特に最近の授業では、クラス全員で爆笑する事も何度かありました。そして、私自身が子供たちから教わる事もたくさんありました。昨日も間違えてT君を叱ってしまい、謝りました。「先生、昨日は3回間違えたから、今日は2回にするように気をつけよう」と、子どもから言われたり、担任が間違うと「気にしない、気にしない。間違いは誰にでもあるから……」と、慰めてもらったりして、まるでどっちが先生だか、生徒だか分からない場合も多々ありました。４年生のあるクラスでお楽しみ会をするという事を聞いたので「我がクラスは、毎朝、５～10分くらいゲームをしているから、お楽しみ会はしないの」と言うと「そうだね、エネルギッシュな3年生だから、それもいいかもしれないね」と、その先生は言ってくれました。お陰で、勉強よりそのゲームの方が楽しみで学校へ来る子もいるようですが……。

子どもから教えられた事として最近特に強く思う事は、〝子どもは民主的に扱えば素直な行動をとる〟と言う事です。３～４年生と言うとギャング・エイジで口答えも多くなり、反抗も強くなるのですが、時には大人に物を頼むように言う事も必要だと言う事です。例えば、「戸を閉めなさい」と命令調で言うのではなく「戸が開いているよ」あるいは「一寸閉めてもらえるかい?」などです。また、ごみが落ちている場合も「ゴミを拾いなさい」ではなく「ゴミを拾ってくれるかい?」ですね。

この時期、喧嘩があって当たり前です。ただ、私は1対多、長引く、この2つは禁じています。子どもが家へ帰ってから「ワッ～」と、自分の感情を吐き出せたらいいですね。そういう場合、保護者の皆さんはとにかく子どもの話は良く聞く事。例え、子どもが悪いと思っても肯定的に聞く事です。この時期は、自分が中心ですから、相手の立場になってなど中々出来ません。必要に応じてスキンシップ（抱いてやるなど……）もいいでしょう。とにかく今の子供の感情を落ち着かせる事です。また、そういう状態が続くようなら、担任に相談しましょう。

さて、保護者の皆様にはこの1年間ご協力をいただきまして誠にありがとうございました。児童のみならず、保護者の方にも〝ふれあいノート〟を書く事をお願いして申し訳ありませんでした。しかし、この事によりお子さんのお家での様子が分かり、そして、何よりも、子ども、保護者、担任この三者のコミュニケーションが取れたと私は思っています。最後に一言、私はこのクラスを担任して良かったです。もし、ご縁がありましたら、4月にまたお会いしましょう。その時は3年生以上のご協力をよろしくお願いいたします。

【学級通信、チャレンジ】誕生！

学級通信も4年生になって〝チャレンジ〟になりました。

○宿題はあった方が良いか、ない方が良いか（児童より）

・あってもなくてもいいです。ない方がいい理由は遊びに夢中になってしまって宿題をやるのを忘れて、夜、やるのがいやだからです。特にいやなのが国語と算数の時間のかかるものです。あった方が良い理由は、テストの前の日、先生が「明日、テストをするので、何ページの漢字をしてきなさい」と言ってくれるので、練習をすると得した感じになるからです。

・ぼくは、絶対にあった方がいいと思います。その理由は、学校でもし、テストなどがある時、家でも勉強をしないと分からないと思うからです。

・ぼくは正直言って、ない方がいいと思います。その理由は勉強がつらくて、時々、頭がガンガンしてくるからです。

・私はあった方がいいと思います。理由は宿題がなかったら、ゲームばかりしていて、家では勉強をしないからです。

・どっちでもいいです。どんな宿題でも面白いからです。

・ぼくは、半分ない方がいいと思います。先生がいつか言っていたけれど、学校で一生懸命やっていて、勉強が分かると家ではしなくてもいいと思います。半分、あった方がいいと思うのは、〝お便りノート〟(先生とぼくたちで書く)などは大きくなると思いでになると思うからです。

○教室寸描

・5月29日　27日は雨が降って運動会の総練習がなくなったので、放課後、「明日は（総練習が）出来ますように」と言って、二人の女子が自主的にチリ紙でてるてる坊主を４つも作って教室の窓のガラスに張っていきました。次の日、その事をU君に言うと「だから、今日は総練習が出来たんだね。良かった、良かった」と言いました。U君の言った言葉をてるてる坊主を作ったC子ちゃんに言うと、「嬉しいな」と言いながら、今度は前よりも一段と大きなてるてる坊主を作って、昨日作ったてるてる坊主の隣に付けました。子どもらしくていいですね。当日はきっと良いお天気になるでしょう。

○〝ゲーム〟が〝いじめ〟をなくする？（10月6日）

・我がクラスでは毎朝、ゲームをしています。今、二人で一組になって〝漢字の画数書きゲーム〟をしていますが、それをしている時の全員の楽しそうな顔、顔、顔。ビデオにでも撮って保護者の皆さんにもお見せしたいくらいです。１日の学校生活がこんなに嬉しそうな顔で始まるなんて素敵ではないですか。時には授業時間に食い込む事もありますが、男女がこんなに楽しそうにやっているのに「止め！」なんて酷《こく》な事を担任としては言えません。それに、少しくらい授業に食い込んだってそれ以上の良い効果が〝ゲーム〟にはあると私は思っています。そういえば、『教育技術』（教師の専門誌）に〝楽しいゲームをしていると、いじめがなくなる〟とありましたが、もし、それが事実なら日本中の（いや、世界中の）小学校で毎朝〝ゲーム〟をやる事を私は提案したいです。

○いじめは勿論ダメですが、喧嘩（1対1の）はしても良いと思います。

・11月の初めに、担任がグランドの見回りをしていると、2組の子どもが「先生、3組（我がクラス）のFとMが取っ組み合いの喧嘩をしているよ」と言うので、見てみるとグランドの真ん中でやっていました。でも、この二人の名前を聞いた時、すぐ「これは、大した事ないな」と思いました。取っ組み合いの喧嘩は、我がクラスでは4年生になって初めてではないでしょうか。しかし、やめさせなければならないので、私が近づくとF君は泣いていました。すると、相手のM君が「F、言いたい事があったら言え」と言っていました。F君は感情的になっていて訳を話せる状態ではないので、訳は後で聞く事にしてF君を教室に入れました。比較的冷静なM君の話を聞くと、M君は2組からサッカーの試合を申し込まれたのでやろうとしたら、F君は3組だけでやりたくてそれで喧嘩になったようです。そこで、私は「M君がF君に『言いたい事があったら言え』と言った事は先生、いいと思うよ」と言うとM君も泣いていました。そして、次の時間にはもう、二人で笑いながら話していました。

・今度は理科の時間です。グループ学習をしているとA君が泣きながら何かを訴えています。よく話を聞いていると「時間ごとにアルコールランプで温めた水をノートに記録する順番が違う」と言っているようですが、グループの他の子たちは「A君の言っている事が違う」と言っているようです。水掛け論になっているのですが、授業中でもあり、何時《いつ》までも言い合いをさせておく訳にもいかないので、担任が中に入って収めました。でも、これも休み時間にはすぐになおっていました。我がクラスは毎日のように泣いたり、ほえたりしていますが、担任は出来るだけ見守るようにしています。すると、いつのまにか収まって、また、両者がもとに戻るのも我がクラスの特徴です。子どもの喧嘩の場合、泣いたり、わめいたりして、感情を外に出させるのもいいのではないでしょうか。前にも書きましたが、子供は〝けんかして仲よし〟がいいと思います。

○教室寸描（12月7日）

・11月10日の参観日の時、初めて彫り始めた版画も全員が彫り終わり、明日（８日）、いよいよ刷る事になりました。担任の第一の目標である〝けが人を出さない〟が達成出来たので嬉しく思います。皆、担任の言う事をよく聞いてくれたからです。私は今まで４年生をもう７～８回担任していますが、版画をして、かすりきず１つ出さなかったのは、今回が初めてではないでしょうか。力のない子も一生懸命やって、皆、上手になりました。作品は次回（３月）の参観日に展示しますので、楽しみにしていてください。

・今、理科でアルコールランプを使う実験をしています。アルコールランプに火を付けたり消したりする事が出来なかったB子ちゃんが、グループの皆に励まされて先週とうとう出来るようになりました。その時、グループの子どもたちが「ウワー、出来るようになった！」と言って、皆で手をたたき喜んでいました。B子ちゃんは火のついているアルコールランプが怖かったのですね。担任はそんなに恐ろしかったら、無理にさせなくてもいいかな？　と思っていたのですが、友達の力ってすごいです。B子ちゃんも回りに大人しかいなかったら、火をつけるのをやめたかもしれません。友達は大人が気をつけていないと〝いじめ〟と言う悪い事もしますが、今回のようなこんな良い事も致します。私は改めて児童を見直しました。良い事も悪い事もするのが子どもなんですよね。

これで、我がクラス全員がアルコールランプに火をつけたり、消したりする事が出来るようになりました。

・今、国語の漢字で2学期のまとめのテストをしています。80点以上とったら合格なのですが、苦手な子にとってはなかなかきついようです。2学期に習った50問の漢字に合格するまで何回も挑戦するのですが、昨日、3回も落ちたU君に「練習しているかい?」と聞くと「先生、テストはね実力を試《ため》すものだから、練習したら意味がないんだよ」と言われ、びっくりしました。なるほど、そういう考え方もあるんだと、担任もへんに感心してしまいました。今度はP子ちゃん「昨日、お母さんに特訓させられたさあ」と言いながら、昨日は一生懸命テストを受けていましたが、78点であと2点、おしかったです。これも個性があるのでどうしても出来ない時は仕方がないと担任は思っています。

・10月△日　担任が図工の作品を見ながら、一人ひとりの作品の良い所を見てほめていると、E君に「先生は(作品の)悪い所を言わないけれど、(作品を)ちゃんと見ているのかな?」と言われ、担任は次の言葉がでませんでした。

・12月○日　プレールームの掃除はもう終わったはずなのに、閉めてある戸のガラスからちょっと見ても、誰もいないので「どうしたのかな？」と思って戸を開けて見ると黒板がわに全員がきちんと正座して並んで掃除の反省をしていました。
　班長が前に出てこれまたきちんと正座をして両手をついてうやうやしく「これから、掃除の反省をいたします」と、床に頭がつくくらいお辞儀をして言っているのです。すると、掃除のグループの一人ひとりが、班長と同じようにしながら、自分の反省を言っていました。私は一瞬「小笠原流のようだな」と思いながら、だまって見ていました（笑いをこらえるのに苦労しました）。反省が終わってから、この発案者は多分F子ちゃんだなと思いながら「誰が考えたの？」とグループの子に聞くとやっぱり「F子ちゃん」と、教えてくれました。

　そのグループは階段の時も正座をして反省をするけれど、教室の時は正座をしないで立って普通にしているそうです。子どもって面白い事を考えるものですね。F子ちゃんに正座をして反省をする訳を聞くのを忘れましたが、ちなみに、私が教員になってこう言う反省の仕方を見たのは初めてです。

＊　＊　＊　＊　＊

２０００年（平成12年）４月　また、３年生を担任しました。

○教室寸描

・４月６日　８時15分前、担任が教室で仕事をしていると、Ｍ君が「この人（担任の事）誰かな？」と言う顔をしながら入ってきました。「あなた、だあれ？」と聞くと「Ｎ」と答えました。８時に玄関にクラスの児童の名前を張る事になっているのに、まだ、８時前だから、どうして１組だと分かったのだろうと思って聞いてみると「靴箱に名前が張ってあったもの」という答に、なるほど……と思いました。この日は、着任式、始業式、入学式を終えてから、クラス全員の子が担任と握手をして帰りました。

・４月６日に７日に持ってくるものを紙に書かせたのでそれを点検した時、担任のマークを全員に描いてやりました。すると、それを見たあるお母さんが「先生、本当にこんな顔しているの？」と聞いたそうです。

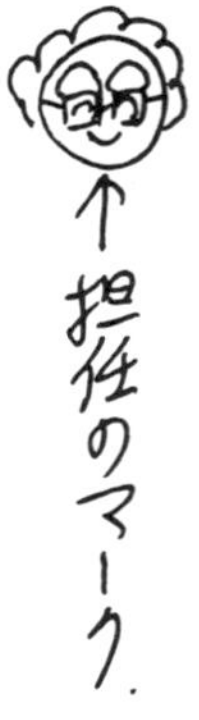

さあ、右のマークが本当かどうか参観日にはぜひ、確かめにおいでください。このマークを黒板に描くと子どもたちからたちまち〝花丸先生〟と言われました。

・4月12日の給食時間、4班から笑い声が聞こえてきました。1班で食べていた担任が訳を聞くと、Sさんが「C君がね『99点！』『正直でよろしい』『まる！』（担任の○の動作をまねしながら）と、先生のまねをしてやっているんだよ」と、教えてくれたので、C君をすぐ見たんだけれどすでにC君はすました顔をして給食を食べていました。そこで「C君、先生のまねをやって先生にも見せて！　上手だったら先生の代わりにやってもらうから……」と担任は言ったのですが、「いやだ」と言って見せてくれませんでした。少したつと、同じ1班のBさんが「先生、また、やってる、やってる」と、そっと、教えてくれたので、すかさず見ると「まる！」と両手をあげてやっていました。それを見て私も思わず笑ってしまいました。休み時間、前担任にその事を教えると「そうですよ。あの子はね、そういうユーモアのある子ですよ」と、教えてくれました。子どもって、楽しいですね。

＊　＊　＊　＊　＊

退職する時に、この学年の代表だった子が次の手紙を書いて全校生の前で読んでくれました。

片倉先生へ
先生はぼくたちが3年生のときに1年間勉強を教えてくれました。また、ゲームもたくさんしてくれました。とても楽しかったです。先生はおこるととくいのおしりたたきをしました。ぼくたちはそれを〝じりぺん〟といいました。クラスの何人かは〝じりぺん〟をされました。でも、それも今ではいい思いでです。

退職してこれからは、身体に気をつけて自分の好きな事をしてください。

ぼくは野球部に入っていますが、ぼくたちの試合を見に来てください。

先生、長い間、ありがとうございました。

2002年（平成14年）3月23日　4年1組　K・J

○1から5まですべての数字があった通知票

私が担任した児童の中で、中学1年で〝1から5まですべての数字があった通知票〟を見せてくれた子が印象に残っております。

体育が1で、英語が5という成績でしたが、中学1年の1学期に我が家までわざわざ見せに来てくれたのです。見せに来てくれた事をうんとほめてから「英語が好きなら、うんと勉強して通訳にでもなったら？」と言って帰しました。中学生になってまで小学校時代の旧担任に通知票を見せに来る子なんて（しかも1から5まですべてある）いなかったので、私は感激しました。

中学生を教えていた友人に話すと「1から5まですべてある通知票なんてちょっとないよ」と言っていました。

私はこういう子が、教師になった方がいいと思うのです。できる子の気持ちもできない子の気持ちもよく分かるからです。日本の大学ではこういう子（特色のある子）はなかなか受け入れてもらえないかもしれませんが、アメリカでは、むしろこういう特徴のある子が歓迎されるのではないでしょうか。

＊＊＊＊＊

２００1年度（平成13年度）は体調を崩して1年間休職をしてしまいました。そして、２００2年（平成14年）３月31日をもって、39年間の教員生活に終止符を打ちました。定年退職まで後1年間ありましたが、体力に自信がなかったから辞めました。「最後は1年生担任をして辞めたい」と言う私の願いを知っていたある同僚は「片倉先生には、最後に1年生を担任させてあげたかった」と言ってくださった事を知った時、私の言った事をよく覚えていてくれたと感謝しました。最後に1年生担任が出来なかった事は少し、残念ですが、糖尿病でありながら曲がりなりにも39年間、好きな教員生活が出来た事に感謝いたします。これも、児童を初めとして保護者の皆様そして同僚の方々など、私の周りの全ての皆様のお陰と思っております。ありがとうございました。

最後になりましたが、私のつたない本〝落ちこぼれ先生、奮戦記〟を読んでくださいました読者の皆様の健康とお幸せを心よりお祈りいたしております。最後まで読んでいただきまして、本当にありがとうございました。

あとがき

私は教員になった時から、子供はいわゆる〝よい子でなければいけない〟と思っていました。ところが、今から25年くらい前に黒柳徹子さんの〝窓ぎわのトットちゃん〟を読んでから、私はこれまでの考えが間違っている事に気づきました。この本のトットちゃんのように個性的な子ものびのびと学校生活を送らせるにはどうしたら良いか……私なりに考えました。そして、どんな子も受け入れるためにはとにかく児童、保護者、教師の３者が〝信頼関係〟で結ばれていなければならない事に気づきました。それなのに今、教育現場で色々な問題が起こっているのは、この一番大事な〝信頼関係〟が薄いからではないのか……と。では、この〝信頼関係〟を築くためにはどうしたらよいのか……。色々考えた末に浮かんだ事は担任対児童、担任対保護者の一人ひとりにノートを作りそれを交換日記のように書く事です。児童はともかくとして、保護者は、特に他の保護者のいる学級懇談では本音を言ってはくれません。それではと思いこのノートを作りました。ノートのタイトルはその学校、学級によって〝連絡帳〟〝ふれあいノート〟など色々変わりましたが、いずれもお母さん方が本音で書いてくれたのは、発案者としてとても嬉しかったです。そして、了解があればそれをどんどん〝学級通信〟にのせたのです。〝学級通信〟には児童の作文は勿論、保護者の文ものせたので、通信数は時には1年で200号以上になった事もありました。

〝信頼関係〟を築くために私がした事のもう1つは、私の失敗を隠さず保護者に教える事です。私はこの本のタイトルのように失敗ばかりしている〝落ちこぼれ教師〟です。だから、39年間の在職期間中の失敗は数知れません。それを保護者の皆さんに伝えようと思ったのです。なぜなら、我が子のいない私ですが、その私がもし保護者なら、自分の失敗を隠さずきちんと伝える担任を信用したいと思ったからです。

私の学級経営の特徴はたくさんの保護者に色々と書いてもらった事だと思います。では、それを中心にして本を書こうと思いました。しかし、そうなるとこの本にのせる方たちの許可が要ると言う事が分かりました。8校目の学校でも、もっともっと保護者の文をのせたかったのですが、連絡がとれずにのせれなかったのが大変残念です。

我がクラスでも勿論、今問題になっている〝いじめ〟や〝不登校〟がありました。それをどのように解決したかももっと具体的に書きたかったのですが、プライバシーの事もあり、のせる事が出来ませんでした。また、私への痛烈な批判もありましたが、それを書いた保護者の気持ちも考えてそれものせませんでした。

この本を出版するに当たり、郁朋社の佐藤聡さんには大変御世話になった事に感謝いたします。ありがとうございました。

２００７年（平成19年）５月　片倉　栄子

わたしたちの片倉先生はこんな先生です。（１９９１年　３月　４年生文集より　６校目の学校）
○おどりがとくい。
○自分の悪い事も正直に言うとおこらない。
○音楽とくい。
○体育苦手、器械もダメ。
○先生の兄姉は６人。
○うそつきとずるい子は大きらい。
○努力家
○おもしろい。
○たまにまちがえてみんなをおこることがあるが、気づいたらあやまる。
○かわった洋服を着てくる。
○大きな声でわらう。
○この先生に習ったら、生徒がよくなるような気がする。
○心理学の勉強をしている。

○おこるけど、生徒をよくほめる。
○音楽がなるとすぐリズムをとる。
○やる時は、ビシッとやる。
○性格が顔にあらわれている。
○多少おこるけど、やさしい。
○おこるし、ほめるし、バランスがいい。
○先生の笑顔が一番いい。
○生徒がまちがえてもおこらない。
○ぼっこを回しながら、しりぺんをする。（でもぼうでは、たたかない）
○朝の会で1週間に1回ずつゲームやクイズをしてくれる。
○学校中で一番やさしくて、一番こわい先生。
○生徒の気持を考える。
○体育をふやしてくれる。
○（給食など）よく食べる。
○おこると角が出る。

○めがねをはずすとおもしろい顔になる。
○おこるとすごくこわい。
○子どもらしい子がすき。
○けじめや生徒の目線にこだわる。
○おっちょこちょいである。
○勉強がわかるまでやさしくおしえてくれる。
○信用できる。
○音楽の時間、おどったりしておもしろい。
○勉強中もユーモアがある。

1997（H9）年3月記　小学4年（文集より）

はこういう先生です

◦反応のない子、自分からしようとしない子はきらい。◦子どもの気持ちを考える。
◦先生の話を聞いていない子は立たせる。（でもすぐすわらせる）
◦早口　◦口うるさくない。
◦自分から正直に、自分の悪い事を言うとしからない。
◦よく笑う（バカ笑い）
◦食べる物なら何でもすき。
◦おこる時はおこり、やさしい時はやさしい。◦毎日、ゲームをする。
◦生徒をよくほめる。
◦すっごく元気（かぜをひいていても）
◦おもしろくて、楽しい先生
◦歌っている時、時々、おどる。
◦元気で、明るく、にぎやかな先生。
◦勉強をわかりやすく教えてくれる。
◦感じのいい先生　◦毎日宿題を出す。
◦給食をたくさん食べる。

に質問します（パート二）

◎本当の年を教えてください
△三十才～六十才の間です。
何人兄弟ですか。
△六人です（下から二番目です）
◦好きな芸能人は？
△歌は天童よしみ
性格は世川えい子
顔は長山洋子
（みなさんは、知っているかな？）

（片倉先生の似顔）

◦だんなさんはどんな人？
△先生の話をよく聞いてくれる人です。
◦先生の若いころは？
△小学生のころは、おとなしくて静かでした。
◦大切な物（宝物）は？
△チョメ（犬）です。

1987年（S62年）3月　6年生記。卒業文集で……

私たちの担任、片倉先生は、こんな先生です。

片倉先生

○こわくて、やさしくて、よく笑い、ユーモアがある。

○頭っからおこらない。

○「心のノート」を続けてほしかった。

○みんなの意見をよく聞く　○短気な先生。

○心理学を勉強して子供の気持ちを考える。

○おもしろいかみ形をしている　プロレスの輪島みたいだ。

○大きな声でおこり、大きな声で笑い、大きな口でごはんを食べる。

○大きな声と大きな口をもっていて、とても四十◯才とは思えない元気な先生だと思う。

○いきなり顔の表情が変わる。（百面相）

○勉強をわかるまで教えてくれる。

○テスト用紙に言葉を書いてくれる。満点とったら大きな花まるにはたをつける。

○何かを忘れたら「のこりなさい」といいうけれど、四時になったら「帰っていい」というのがうれしい。

○メガネがにあう。メガネを下げてにらむ顔がおもしろい。実はこのメガネ、近眼&老眼もまざっているのである。

○スカートをまったくはかない男のような先生（夏は暑くないのかな、スカートをもっていないのかな）

（児童に当たらないように机をこわさないように気をつけました。担任より）

○本気でおこらない先生と思ったが、二学期の終わりごろは机をなげつけたのでびっくりした。

○おこったらゴジラみたいだ。

○かいじゅうみたいなこわい先生。

○おこると何をいっているのかわからない。

○自分で自分のことを「美人」といっている。

○大きな声でおもしろいことをいって、女の先生にしては、めずらしい。

○服を着たらスマート。

○ふつうの先生とはちょっとちがう変わった先生。

○何年も前の服を大事に着ている。

○毎週土曜日の帰り、全員の子供とあく手をする。（二年間で、一人で八十五回ぐらい先生とあく手をした。）

○ねこおどりがうまい。

○すぐ、つばをとばす。

よくぞ書いてくださいました。素直に受けとめておきましょう。

――先生より――

編集委員が「机をなげつけた事はのせない方がいいんでない？」と気を遣ってくれましたが、「事実なんだから……」と言って、私はあえてのせさせました。（担任より）

落《お》ちこぼれ先生《せんせい》、奮戦記《ふんせんき》

2007年11月11日　第1刷発行

著　者 ── 片倉《かたくら》 栄子《えいこ》

発行者 ── 佐藤 聡

発行所 ── 株式会社 郁朋社《いくほうしや》

〒101-0061　東京都千代田区三崎町2-20-4

電　話　03（3234）8923（代表）

ＦＡＸ　03（3234）3948

振　替　00160-5-100328

印刷・製本 ── 株式会社東京文久堂

落丁、乱丁本はお取り替え致します。

郁朋社ホームページアドレス　http://www.ikuhousha.com
この本に関するご意見・ご感想をメールでお寄せいただく際は、
comment@ikuhousha.com までお願い致します。

ISBN978-4-87302-398-4 C0095